RECHERCHES

SUR

L'ORIGINE DES DECOUVERTES

ATTRIBUEES

AUX MODERNES.

CHAPITRE PREMIER.

De l'Ether ; de l'Air, de sa pesanteur &
de son elasticité.

L ES Modernes entendent par l'*Ether* un fluide très-rare, ou une matiere au-des-sus de l'atmosphere, & qui le penetre ; in-finiment plus subtile que l'air que nous res-pirons ; d'une étendue immense, dans la-quelle les corps celestes sont portes ; qui

Sentiment des Moder-nes sur l'E-ther.

A ij

remplit tous les espaces où ils font leur cours, & se laisse traverser sans aucune résistance sensible. L'existence d'un tel fluide est généralement reconnue, quoique plusieurs auteurs, parmi les Modernes mêmes, diffèrent sur sa nature. Les uns le supposent être une sorte d'air plus pur que celui qui environne notre globe ; d'autres soutiennent, avec M. *Hombergh*, que c'est une substance d'une nature approchante de celle du feu, qui émane du soleil, & de toutes les autres étoiles fixes ; & d'autres enfin en font un fluide d'une nature particuliere, *sui generis*, dont toutes les parties font d'une petitesse qui excède même celle de la lumiere, & ils disent que cette excessive petitesse de ses parties peut contribuer à la grandeur de la force par laquelle ces parties peuvent tendre à s'éloigner les unes des autres, & contribuer à produire cette force de pression & d'écartement, qui est, selon eux, la cause de la plûpart des phénomènes qui arrivent dans la Nature, & qui, par la subtilité extrême de ses parties, pénètre intimement tous les corps :

RECHERCHES

SUR

L'ORIGINE DES DÉCOUVERTES

ATTRIBUÉES

AUX MODERNES,

Où l'on démontre que nos plus célèbres Philosophes ont puisé la plûpart de leurs connoissances dans les Ouvrages des Anciens : & que plusieurs vérités importantes sur la Religion ont été connues des Sages du Paganisme.

Nemo nostrûm sufficit ad artem simul & constituendam & absolvendam ; sed satis, superque videri debet, si, quæ multorum annorum spatio priores invenerint, posteri accipientes, atq.e his addentes aliquid, aliquando compleant, atque perticis.t.
Galenus in I. Aphorism. Hippocrat.

TOME SECOND.

A PARIS,

Chez la Veuve D U C H E S N E, rue S. Jacques, au-dessous de la Fontaine S. Benoît, au Temple du Goût.

M. D C C. L X V I.

Avec Approbation, & Privilége du Roi.

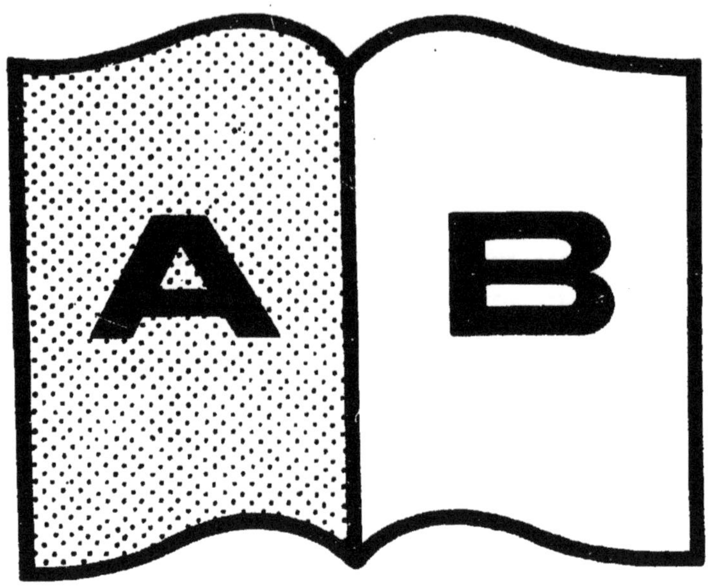

Contraste insuffisant

NF Z 43-120-14

RECHERCHES

SUR

L'ORIGINE DES DÉCOUVERTES

ATTRIBUÉES

AUX· MODERNES.

TROISIEME PARTIE;

CONCERNANT

La Physique particuliere, la Médecine, l'Anatomie, la Botanique, les Mathématiques, l'Optique et la Méchanique.

Tome II.   **A**

& ce dernier fentiment eft celui de M. Newton, de Locke & de leurs fectateurs.

151. Quel que ce foit de ces fentimens fur l'exiftence & la nature de l'éther, que l'on adopte, on en trouvera l'origine dans ce que les Anciens ont dit fur ce fujet.

152. Les Stoïciens premierement enfeignoient qu'il y avoit un feu fubtil & actif, diffus & répandu par tout l'univers, dont toutes les parties étoient produites, foutenues & confervées enfemble par la force de cette fubftance éthérée (a), qui

Les Anciens en ont eu la même idée.

Opinion des Stoïciens.

(a) Reftat ultimus, & à domiciliis noftris altiffimus, omnia cingens, & coërcens cœli complexus, qui idem æther vocatur, extrema ora, & determinatio Mundi : in quo cum admirabilitate maximâ igneæ formæ curfus ordinatos definiunt. *Cicero de Naturâ Deorum, Lib. 2. Sect.* 146. *p.* 215.

Et pag. 214, *Sect.* 132. Hunc (aërem) rursùs amplectitur immenfus æther, qui conftat ex altiffimis ignibus.

Et pag. 218, *Sect.* 175. Quem complexa fumma pars cæli, quæ æthra dicitur, & fuum retinet ardorem tenuem, & nullâ admixtione concretum, & cum aëris extremitate conjungitur. In æthere autem aftra volvuntur, quæ fe, & nixu fuo globata continent, & formâ ipsâ figurâque fua momenta fuften-

A iij

embraſſoit tous les cieux, dans laquelle
les corps céleſtes accompliſſoient leurs révolutions, & à laquelle ils donnoient le
nom d'éther.

153. Ariſtote, expliquant le ſentiment
de Pythagore ſur l'éther, l'attribue auſſi à
Anaxagore (a), & dit qu'il croyoit que les

---

tant. Sunt enim rotunda, quibus formis, ut antè
dixiſſe videor, minimè noceri poteſt : ſunt autem
ſtellæ naturâ flammeæ : quocircà terræ, maris,
aquarum vaporibus aluntur his, qui à ſole ex agris
tepefactis, & ex aquis excitantur, quibus altæ, re-
novatæque ſtellæ, atque omnis æther refundunt eadem, & rurſum trahunt indidem, nihil ut ferè in-
tereat, aut admodùm paulum, quod Aſtrorum
ignis, & ætheris flamma conſumat.

(a) Ὁ γὰρ λεγόμενος αἰθὴρ, παλαιὰν εἴληφε τὴν προσα-
γορίαν, ἣν Ἀναξαγόρας μὲν τῷ πυρὶ ταὐτὸν ἡγήσασθαί μοι
δοκεῖ σημαίνειν. Nam quem vocamus æthera, anti-
quam ſibi adoptavit appellationem, quam Anaxagoras idem, quod ignis vocabulum ſignificare pu-
taſſe mihi videtur. *Ariſtot. Tom. 1. Meteor. Lib. 1.*
c. 3, p. 530.

Vide etiam *Ariſtot. de Mundo.*

Lucretium, Lib. 5, v. 499, 500, 501.

Τό τε γὰρ ἄνω πλήρη πυρὸς εἶναι, κἀκείνους τὴν ἐκεῖ δύναμιν, αἰθέρα καλεῖν ἱστόρησεν· τοῦτο μὲν ὀρθῶς νομίσας.

eſpaces les plus reculés du Monde étoient remplis d'une ſubſtance éthérée, que les philoſophes de ſon temps appelloient éther, & laquelle Anaxagore paroiſſoit avoir entendu être un feu ſubtil & actif; & le même Ariſtote, dans un autre endroit, entend par éther *un cinquième élément pur & inaltérable, principe actif & vivifiant dans la Nature, différent de l'air & du feu.*

154. Pythagore, ſuivant Diogene de Laërce (a) & Hiérocles, diſoit que l'air qui environnoit notre terre, étoit impur, hétérogène, mais que l'air au-deſſus étoit pur, ſain & homogène; & il l'appelloit *l'éther libre, dégagé de toute matière ſenſible ou matiere céleſte, qui pénètre librement les*

Sentiment de Pythagore expoſé par Hiérocles.

Quippè qui & ſuperas Mundi partes igne plenas eſſe, & vim, quæ inibi eſſet, æthera vocare cenſuit : quod quidem'adprobè fecit : (*& paulò poſt ;*) Quod enim ſupero in loco conſiſtit, & ad lunæ globum uſque porrigitur corpus eſſe diverſum ab igne, & aëre dicimus. *Ariſt Meteor. Lib.* 1, *c.* 3.

(a) *Diogen. Laert. Lib.* 8, *Sect.* 26, 27.

Hierocles in aurea carmina, p. 229. *Edit. Cantabr.* 1709. *in-8.*

pores de tous les corps, comme celle dont les Newtoniens rempliſſent les eſpaces parcourus par les aſtres qui les traverſent ſans réſiſtance ſenſible. Et Empédocles, l'un des plus célèbres diſciples de Pythagore, eſt cité par Plutarque & S. Clément d'Alexandrie comme admettant une ſubſtance éthérée, qui rempliſſoit tous les eſpaces & contenoit en ſoi tous les corps de l'univers, & qu'il appelloit auſſi du nom de *Titan* & de *Jupiter* (*a*).

Sentiment de Platon. 155. Platon, parlant de l'air dans ſon Timée, le diſtingue en deux eſpèces; l'un

---

(*a*) Γαῖά τε, κὲ πόντος πολυκύμων, δ' ὑγρὸς ἀήρ,
Τιτὰν, ἠδ' αἰ σφι, ὦν πεὶ κύκλο· ἅπανʼα.
Tellus, atque mare exundans, atque humidus aër ;
Titan, atque æther, qui cuncta adſtringit in orbem.

De æthere omnia continente, & conſtringente Empedoclis. Clem. Alex. Lib. 5. p. : pag. 570.

Plutarch. de Placitis Philoſ. Lib. 2. c. 13.

Galen. Hiſt. Philoſ. c. 13.... Stobæus, Eclog. Phyſic. Lib. 1. p. 53. 54.

Euſeb. Præparat. Evang. cap. 30.

groſſier & rempli de vapeurs (*a*), qui eſt celui que nous reſpirons ; & *l'autre plus ſubtil, appellé l'éther, dans lequel les corps céleſtes ſont plongés* (*b*), *& où ils accompliſ-ſent leurs révolutions.*

156. La nature de l'air n'étoit pas moins connue aux Anciens que celle de l'éther ; ils le regardoient comme un *menſtruum* général, contenant toutes les parties vola-tiles de tous les êtres dans la Nature, leſ-quelles étant agitées & différemment com-binées dans ſon ſein, produiſoient cette variété de fermentations, de météores, de tempêtes, & tous les autres effets que nous obſervons. Ils connoiſſoient auſſi ſa peſan-teur, quoiqu'ils nous aient tranſmis peu

Nature de l'air, ſa pe-ſanteur, ſon reſſort & ſon élaſticité : nature & propriétés du feu.

(*a*) Ἔστι τὸ εὐαυγέστατον ἐπίκλην αἰθὴρ καλούμενος. Aëris limpidiſſima, ſanctiſſimaque pars æther nun-cupatur. *Plato. In Timæo*, p. 58.

(*b*) Αὐτὴν δὲ τὴν γῆν, καθαρὰν ἐν καθαρῷ κεῖσθαι τῷ οὐρανῷ, ἐν ᾧπέρ ἐστι τὰ ἄστρα, ὃν δὴ αἰθέρα ὀνομάζειν τοὺς πολλοὺς· ὧν περὶ τὰ τοιαῦτα εἰωθότων λέγειν, &c. Ip-ſam verò terram puram in puro ſitam eſſe cœlo, in quo quidem ſunt aſtra, & quod eorum quamplu-rimi, qui his de rebus verba facere ſolent, æthe-rem nuncupant. *Plato in Phædone ejus*, p. 109.

d'expériences là-deſſus : Ariſtote (*a*) paroît avoir eu quelque idée de cette qualité de l'air ; il parle d'*une veſſie remplie
d'air, qui peſoit davantage qu'une veſſie vuide
d'air;* & il paroît auſſi que Sénèque avoit
eu connoiſſance de la peſanteur de cet élément, de ſon reſſort, & de ſon élaſticité ;
car il décrit *les efforts que l'air fait conſtamment pour s'étendre lorſqu'il eſt reſſerré ;* & il
dit qu'*il a la propriété de ſe condenſer & ſe
faire jour à travers les obſtacles qui s'oppoſent à
ſon paſſage* (*b*). Les ſentimens le plus géné-

(*a*) Ἐν τῇ αὐτοῦ γὰρ χώρᾳ πάντα βάρος ἔχει, πλὴν πυρός, καὶ ὁ ἀήρ. σημεῖον δὲ ὅτι ἕλκει πλεῖον ὁ πεφυσημένος ἀσκός, τοῦ κενοῦ. In ſuâ enim regione omnia gravitatem habent præter ignem, aër ipſe ; ſignum autem eſt, utrem inflatum plùs ponderis, quàm vacuum habere. *Ariſtot. Edit. Pariſ.* 1629. *pag.* 490. *tom.* I.

(*b*) Ex his gravitatem aëris fieri, deindè ſolvi impetu, cùm quæ denſa ſteterant, ut eſt neceſſe, extenuata nituntur in ampliorem locum.........
Habet ergò aliquam vim talem aër, & ideò modò ſpiſſat ſe, modò expandit, & purgat : alias contrahit, alias diducit, ac differt. *Senec. Quæſtion. Natural. Lib.* 5, *c.* 5 & 6.

ralement reçus fur la nature du feu & fes propriétés fe trouvent encore clairement expofés dans Platon, Stobée, Ariftote & Lucrèce; le premier dit que le feu naît du mouvement, & qu'il eft l'effet de l'agitation & de la friction des petites parties des corps (*a*). Ariftote enfeignoit que la flamme n'étoit autre chofe que de petits corps dans un mouvement très-rapide, qui fe fuccédoient continuellement les uns aux autres; que le feu étoit compofé de petits corps de figure pyramidale dont les angles étant tranchans nous piquoient en entrant dans nos pores, & fondoient les métaux en s'infinuant en eux. Ce que Def-

(*a*) Τὸ γὰρ θερμόν τε καὶ πῦρ ὃ δὴ καὶ τἄλλα γεννᾷ καὶ ἐπιτροπεύει, αὐτὸ γεννᾶται ἐκ φορᾶς καὶ τρίψεως· τοῦτο ἢ κίνησις. ἢ οὐχ αὗται γενέσεις πυρός; Motum nimirùm efficere ut illud quod effe & fieri videatur, fit & fiat; quietem verò, ut res minimè exiftant, id eft, intereant. Calidum enim & ignis qui alia quidem & generat & fummo imperio administrat ipfe generatur ex latione & attritione. Illud autem nihil aliud eft quàm motus; nonne hoc eft generandi ignis principium? *Platon. Tom.* 1, *p.* 153. *A. in Theætet.* Vid. *& Stobæum, Eclog. Phyf. p.* 43.

cartes a répété après lui (*a*). Démonax a dit que le feu pefoit (*b*) ; & Lucrèce lui attribue cette propriété, & dit que fi le feu paroît tendre toujours à s'élever, c'eft qu'il y eft contraint par une caufe étrangere, & que la preffion de l'air, qui réfifte au poids de la flamme, eft ce qui le fait monter (*c*).

(*a*) *Ariftot. de cœlo, Lib.* 3, c. 8. *Lib. Meteor. & in diverfis locis.*

(*b*) *Bibliothéq. des Philof. Gautier, T.* 1. *p.* 422.

(*c*) Sic igitur debent flammæ quoque poffe per auras
Aëris expreffæ furfùm fuccedere, quanquàm
Pondera, quantùm in fe eft, deorsùm deducere
pugnent.

Lucretius, Lib. 2, *v.* 183 *ufque ad* 203.

CHAPITRE II.

*Du Tonnerre & des tremblemens de terre ;
de la vertu magnétique ; du flux & reflux ;
de la source des Fleuves.*

157. Je passe à quelques articles de physique particuliere , sur lesquels je tâcherai de faire voir en peu de mots la conformité des idées des Anciens avec celles de quelques-uns de nos plus célèbres philosophes. Il semble que les causes du tonnerre , des tremblemens de terre , de la force attractive dans la pierre d'aimant, du flux & reflux des eaux de la mer & du retour des fleuves à leur source, n'aient pas été cachées aux premiers ; & ce n'a pas été leur faute , si on n'a pas adopté les sentimens qu'ils ont enseignés de bonne heure sur ces matieres, & si l'on n'y est revenu que longtemps après. On ne doit pas leur objecter là-dessus qu'il y avoit tant de différentes opinions parmi eux sur chacun de ces points , qu'il eût été difficile de sçavoir à laquelle se tenir , à moins que l'on ne convienne aussi que la même objection peut

La diversité des opinions parmi les Anciens n'est pas un sujet de reproche.

se faire avec autant de raison sur la diversité d'opinions qui règne également parmi
nous dans plusieurs questions. Il n'y a pas
long-temps qu'il y avoit deux ou trois sentimens opposés à celui de M. Newton sur
les couleurs ; mais cela n'a pas empêché
que son système n'ait triomphé & qu'il
n'ait la gloire d'avoir proposé ce que nous
connoissons de plus solide là-dessus. Nous
devons juger avec la même impartialité
des vérités que nous trouvons répandues
dans les écrits des Anciens ; & un petit
nombre d'erreurs avancées par quelques-
uns, ne doivent pas nuire à l'établissement
des vérités enseignées par les autres.

158. On est partagé entre deux opinions parmi les Modernes sur la cause du
tonnerre : l'une, qu'il est produit par une
exhalaison enflammée, qui fait des efforts
pour sortir de la nuée où elle est enfermée ;
& l'autre, que le tonnerre est occasionné
par le choc de deux nuées, dont l'une venant à se condenser & se précipiter sur
une autre nuée inférieure, fait une pression considérable sur l'air qui est entre les
deux ; lequel, trouvant alors de l'obstacle à

*Différentes
opinions des
Modernes
sur la cause
du tonnerre.*

ſon paſſage, ſe dilate avec force, & produit un bruit éclatant par le choc de l'air extérieur : cette derniere explication eſt de Deſcartes, & a trouvé moins de partiſans ; la premiere & la plus ſuivie eſt celle des Newtoniens. Je ne m'arrête point ſur une troiſième de M. Franklin, par laquelle on fait voir que la matière qui produit le tonnerre pourroit bien être la même que celle qui eſt la cauſe de l'électricité ; parce que, quoiqu'il ſe puiſſe faire qu'elle ſoit la plus vraiſemblable & qu'elle ait l'avantage ſur les autres d'être appuyée ſur des expériences très-ingénieuſes, cependant elle ſe trouve encore conteſtée ; & ſi d'ailleurs elle eſt, comme je le penſe, la mieux fondée, elle n'appartient point à mon ſujet : l'auteur à cet égard ne devant rien aux Anciens.

159. De ces deux ſentimens donc des Anciens, que les deux célèbres Modernes ont adoptés, l'explication de Deſcartes appartient entièrement à Ariſtote, lequel cité par Plutarque (a), dit que *le tonnerre eſt cauſé par une exhalaiſon ſéche, laquelle*

Sentiment d'Ariſtote & d'Anaxagore le même que celui de Deſcartes.

(a) Ἀριστοτέλης, ἐξ ἀναθυμιάσεως καὶ τὰ τοιαῦτα γίνεσθαι τῆς ξηρᾶς. ὅταν οὖν ἐντύχῃ μὲν τῇ ὑγρᾷ παραδιάζηται

venant à se précipiter sur une nuée humide ; cherche avec violence à s'ouvrir un passage, & produit par cet effet un bruit éclatant. Et Anaxagore rapporte l'effet du tonnerre à la même cause.

160. Tous les autres passages, qui se trouvent en foule chez les Anciens, sur la cause de la formation du tonnerre, contiennent clairement les mêmes raisons alléguées par les Newtoniens, & quelquefois réunissent les deux sentimens qui partagent les Modernes.

161. Leucippe & toute la secte Eléatique disoient que le *tonnerre étoit produit par une exhalaison enflammée, qui renfermée dans la nuée faisoit un effort violent pour en sortir* (*a*) : Démocrite dit que le tonnerre

---

ὴ τὴν ἔξοδον, τὸ μὲν παρατρίψει ϗ τῇ ῥήξει τὸν ψόφον τῆς βροντῆς γίνεσθαι, τῇ δὲ ἐξάψει τῆς ἐκρότητος, τὴν ἀστραπήν. Aristoteles ista quoque ex aridâ exhalatione fieri existimavit. Itaque quùm arida exhalatio in humidam exhalationem inciderit, sibique violenter exitum quærit, attritu quidem, ac discissione nubis, tonitru fragor efficitur. *Plut. de Plac. L.* 3, *c.* 3... *Laërt. L.* 2, *Sect.* 9, *origines in Anaxag.*

(*a*) Δημόκριτος, βροντὸς μὲν ἐκ συγκρίματος, ἀνωμάλε

étoit

étoit l'effet d'un mélange de diverses parties volatiles, qui précipitoient en bas la
nuée qui les contenoit, & par ce mouvement violent les faisoit enflammer.

162. Sénèque l'attribuoit à une exhalai- *Opinion de Sénèque.*
son sèche & sulphureuse qui s'élevoit de
la terre, & qu'il appelle l'aliment de la
foudre, lequel venant à se subtiliser & s'é-
chauffer en l'air, produisoit ensuite une
éruption violente (a).

163. Les Stoïciens distinguoient deux *Sentiment des Stoï-ciens.*
choses dans le tonnerre, l'effet du tonnerre

τὰ περιειληφὸς αὐτὸ νέφος πρὸς τὴν κάτω φορὰν ἐκθλιαζομένου.
...κεραυνὸν ...;, ὅταν ἐκ καθαρωτέρων, καὶ λεπτοτέρων, ὁμα-
λωτέρων τὶ, κὴ πυκνιαρμόνιων, γηνητικῶν Ἰα πυρὸς ἡ φορὰ
ἐιωσηται.

Leucippus ignem densissimis nubibus inter-
ceptum violenter excidentem tonitru credit efficere. Democritus tonitru quidem inæqualem mix-
tionem, quæ nubem, quâ continetur, deorsùm
protrudat.... Fulmen autem motum violentum pu-
riorum, atque æquabiliorum ignis efficientium.
Stobæus, p. 64, 65.

(a) E terrâ pars sicca, & fumida efflatur, ful-
minibus alimentum in aëre; si attenuatur, simul
siccatur, & calet, & modò universam eruptionem
facit. *Seneca, Quæst. Natural. Lib.* 2, c. 54.

Tome II. B

même , ou la foudre, & le bruit qu'ils appelloient proprement le tonnerre (a) ; *le
tonnerre étoit, selon eux, occasionné par le
choc des nuées ; & la foudre étoit l'inflammation des parties volatiles contenues dans
les nuées, & laquelle étoit occasionnée par le
choc :* & Chrysippe enseignoit que l'éclair
étoit produit par l'inflammation des nuées,
qui emportées par les vents venoient à se
choquer ; & que le tonnerre étoit le bruit
qu'elles faisoient en se rencontrant : il
ajoutoit que, quoique ces deux effets fussent
simultanés, nous appercevions l'éclair avant

(a) Χρύσιππος ἀςραπὴν, ἔξαψιν νεφῶν ἐκτριβομένων, ἢ ῥηγνυμένων ἀπὸ πνεύματος, βροντὴν ʒ εἶναι τὸν τελον ψόφον. ἅμα ʒ γίγνεσθαι ἡμᾶς διὰ τὸ τῆς ἀκοῆς ὀξυτέραν εἶναι τὴν ὅρασιν. ὅταν δ' ἡ τῦ πνεύματος φορὰ σφοδροτέρα γενήται κ̀ πυρώδης, κεραυνὸν ἀποτελεῖσθαι.   .

Chrysippus fulgur quidem nubium extritarum,
vel spiritu raptarum inflammationem ponebat,
tonitru autem sonitum : quæ quamvis simul fiant,
non tamen simul à nobis sentiri, quòd auditu sit
visus acutior, cùm porrò spiritus violentior atque
igneus extiterit, fulmen gigni. *Stobæus, Eclog. Phys.
Lib. 1, p. 65.*

Voy. aussi *Diog. Laërt. Liv.* 7, *Sect.* 154. *Zeno.*

Du Tonnerre. 19

d'entendre le bruit, parce que la vue est plus prompte que l'ouïe (a).

164. Enfin Aristophane, dans sa comédie des *nuées*, introduit Socrate satisfaisant la curiosité d'un de ses disciples, sur la cause du tonnerre ; & lui disant qu'elle consistoit dans *l'air renfermé dans une nuée ; lequel venant à se dilater, la rompoit avec effort, & choquant avec violence l'air extérieur, s'enflammoit & produisoit un grand bruit en sortant* (b).

Opinion de Socrate cité par Aristophane.

165. Il n'y a qu'une opinion sur la cause des tremblemens de terre laquelle mérite

Cause des tremblemens de terre, donnée par les Modernes ;

(a) Οἱ Στωϊκοὶ βροντὴν μὲν συγκρουσμὸν νεφῶν, ἀστραπὴν δ' ἔξαψιν ἐκ παρατρίψεως. Stoïci tonitru quidem opinantur esse collisionem nubium, fulgur verò accensionem ex attritu genitam. *Plutarch. de Placit. Philos. Lib.* 3, *c.* 3. *Diogen. Lib.* 7, *p.* 154.

(b) Ὅταν εἰς αὐτὰς ἄνεμος ξηρὸς μετεωρισθεὶς κατακλεισθῇ,

Ἔνδοθεν, αὐτὰς ὥσπερ κύστιν φυσᾷ κἄπειθ' ὑπ' ἀνάγκης

Ῥήξας αὐτὰς ἔξω φέρεται σοβαρὸν, διὰ τὴν πυκνότητα,

Ὑπὸ τοῦ ῥοίζου, καὶ τῆς ῥύμης, αὐτὸς ἑαυτὸν κατακαίων.

Quandò ventus siccus in ipsas subvectus, ibique Inclusus fuerit ; tunc ipsas, ceu vesicam, inflat : & actus

Vi nubem perrumpit : & extrà violento cum impete fertur,

d'être confidérée ; c'eft celle qui eft allé-
guée par les Cartéfiens, les Newtoniens
& tous les habiles phyficiens (a). Ils l'attri-
buent à ce que la terre renferme en fon
fein des cavernes d'une étendue confidérable, qui font quelquefois remplies par
d'épaiffes exhalaifons, femblables à la fu-
mée d'une chandelle qu'on vient d'étein-
dre, laquelle eft facile à s'enflammer, &
venant en effet à s'agiter & prendre feu,
échauffe l'air concentré & condenfé dans
cette caverne, & le dilate à un degré fi
confidérable, que ne trouvant point d'if-
fue pour fortir, il faut néceffairement qu'il
rompe les barrieres qui le retiennent ; ce
qui ne peut fe faire fans agiter auparavant
la terre des environs par des fecouffes ter-

Propter craffitiem, atque à ftridore, & vi fe-
    femet adurit.

Ariftophan. in nubibus, act. 1, *fc.* 4. *p.* 755.

(a) ″ M. Lémery a propofé une autre opinion
″ fur les tremblemens de terre, & en a produit fur
″ fes principes un artificiel : Voyez *Mémoires de
l'Académie*, 1700, *p.* 51, 52; d'autres foutiennent que l'électricité en eft la vraie caufe, entr'autres le P. Beccaria.

ribles, & produire tous les autres effets qui en font une fuite naturelle.

166 Cette même raifon avoit déja été Par Ariſtote donnée par Ariſtote & par Sénèque, pour rendre compte de la caufe de ces funeſtes évènemens. Le premier, après avoir réfuté ceux qui foutenoient que la terre ou l'eau produifoient les tremblemens de terre, propofe fon opinion : *qu'ils étoient occafion-* *nés par l'air* (a) *renfermé dans les entrail-* *les de la terre, lequel faifoit fes efforts pour* *en fortir ; & il obferve qu'à l'approche d'un* *tremblement de terre, le temps eſt ordinaire-* *ment ferein, parce qu'une plus grande quan-*

(a) Οὐκ ἂν οὖν ὕδωρ, οὐδὲ γῆ αἴτιον εἴη, ἀλλὰ πνεῦμα, τῆς κινήσεως, ὅταν ἴσω τύχῃ ῥυὲν τὸ ἔξω ἀναθυμιώμενον. Διὸ γίγνονται ὑπνεμίᾳ αἱ πλεῖσται, καὶ μέγιςοι τῶν σεισμῶν. συνεχὴς γὰρ οὖσα ἡ ἀναθυμίασις, ἀκολουθεῖ ὡς ἐπὶ τὸ πολὺ τῇ ὁρμῇ τῆς ἀρχῆς. ὥστε ἢ ἴσω ἅμα, ἢ ἔξω ὁρμᾷ πᾶσα.

Igitur neque aqua, neque terra caufa tremoris effe poteſt, fed fpiritus, ubi fcilicet quod extrà exhalat, intrò fluit. Unde fit, ut plurimi, maxi_mique terræ motus cœlo tranquillo fiant. Nam ex-halatio, quæ continens, ac perpetua exiſtit, ut plurimùm initii motum fectari folet. Quarè tota fimul, aut intrò, aut extrà contendit. *Ariſtot. opera,* *Tom.* 1, *Lib.* 2. *Meteorol. c.* 8, *p.* 567. *A.*

tité d'air qui devroit agiter l'air extérieur , se trouve alors retenue dans les entrailles de la terre.

167. Sénèque est encore plus précis ; on croiroit entendre parler un physicien de ce siècle ; il suppose que *la terre cache en plu-fieurs parties de son sein des feux souterrains, qui venant à s'allumer , doivent nécessaire-ment agiter les vapeurs considérables enfermées dans ces cavernes, lesquelles ne trouvant point d'issue pour sortir , font des efforts extraordi-naires , & rompent enfin ce qui fait obstacle à leur passage ;* & il dit encore que , si ces ef-forts ne sont pas assez puissans pour briser les barrieres qui retiennent ces vapeurs agi-tées & dilatées , elles ne produisent alors que de foibles tremblemens & des mugis-semens sans aucune suite fâcheuse (*a*).

168. De toutes les explications que l'on

(*a*) Quidam ignibus quidem assignant hunc tre-morem (terræ) ; nam cùm pluribus locis ferveant, necesse est ingentem vaporem sine exitu volvant, qui vi suâ spiritum intendit : & si acriùs institit, opposita diffundit : si verò remissior fuit , nihil am-pliùs, quàm movet. *Senec*. L. 6 , c. 11.

a entrepris de donner fur ce qui occafionne Opinion de Defcartes.
le flux & reflux de la mer, la plus fimple &
la plus ingénieufe, quoique contredite enfuite par l'obfervation, eft celle de Defcartes qui fuppofe un tourbillon de matiere
fubtile & d'une figure elliptique, lequel
environne notre globe, & le preffe de tous
côtés; la lune, felon ce philofophe, nage
dans ce tourbillon elliptique, & lorfqu'elle
fe trouve dans la partie la plus allongée,
elle fait moins d'impreffion fur la matiere
éthérée qui environne la terre ; mais lorfqu'elle eft dans la partie la plus étroite de
ce tourbillon (a), elle caufe une impreffion
fur l'atmofphere dont les eaux doivent fur-
tout fe reffentir ; & il appuie cette explication par la remarque que le flux de la
mer fuit ordinairement l'irrégularité du
cours de la lune.

169. L'autre opinion fur la caufe du Opinion de Képler & du Chevalier Newton.
flux & reflux eft plus exactement conforme
aux obfervations, & donnée par Képler &
le Chevalier Newton. Elle eft fondée fur

____

(a) *Cartefii Principia Philofoph. Part.* 4, *p.* 158.
159. *Voy. la figure.*

l'hypothèfe que la lune attire les eaux de la mer, de façon que leur pefanteur fur la terre doit diminuer, lorfque cette planète fe trouve être directement au-deffus des eaux ; & la pefanteur des eaux collatérales doit augmenter leur preffion fur la terre ; & faire élever par conféquent les eaux dans le point correfpondant de l'hémifphère oppofé à la lune. L'action du foleil, dans ce fyftême, concourt auffi avec celle de la lune dans la caufe des marées; elles y font plus ou moins fortes, fuivant la différente fituation refpective de ces deux aftres, qui, lorfqu'ils font en conjonction, agiffent de concert pour élever davantage les eaux du même côté, & quand ils font en oppofition produifent à-peu-près également le même effet en gonflant davantage les eaux de la mer dans les deux hémifphères oppofés ; de forte que, quand la lune eft en quadrature avec le foleil, le flux étant caufé par la différence de ces deux forces, dont l'une abaiffe pendant que l'autre élève, il doit être moindre que lorfqu'elles agiffent enfemble ; & le flux

varie ainsi suivant les différentes positions
de ces deux astres.

170. L'explication des Cartésiens a été
indiquée par *Pytheas Massiliensis* (*a*) , qui
avoit observé que *les marées suivoient les
inégalités du cours de la lune, dans leur ac-
croissement & leur décroissement ;* & Séleucus
d'Erythrée, le Mathématicien (*b*), (qui *attribuoit* à la terre un mouvement de rota-
tion) expliquoit aussi la cause des marées
par *la force du tourbillon de la terre , com-
binée avec le mouvement de la lune.*

171. L'explication de Pline (*c*) a plus de

(*a*) Πυθέας ὁ Μασσαλιώτης τῇ πληρώσει τῆς σελήνης
τὰς πλημμύρας γίνεσθαι , τῇ ϳ μειώσει τὰς ἀμπώτιδας.

Pytheas Massiliensis ait incremento quidem lunæ
accessus fieri, decremento recessus. *Plut. de Placitis,
Lib.* 3 , *c.* 17.

(*b*) Σέλευκος ὁ μαθηματικὸς κινῶν καὶ οὗτος τὴν γῆν,
ἀντικόπτειν αὐτῆς τῇ δίνῃ Φ.ο. , καὶ τῇ κινήσει, τὴν περιστρο-
φὴν τῆς σελήνης.

Seleucus Mathematicus (movens & ipse Tellu-
rem) *ait ipsius vertigini , & motui , luna conversio-
nem adversari.* Idem ibid.

(*c*) Pluribus quidem modis , verùm causa in
sole , lunâque. Bis inter duos exortus lunæ affluunt,
bisque remeant, vicenis quaternisque semper ho-

rapport avec celle du chevalier Newton.
» Ce grand Naturalifte prétendoit que le
» foleil & la lune avoient réciproquement
» part à la caufe des marées, & après une

---

ris. Et primùm attollente fe cum eâ Mundo intu-
mefcentes, mox à meridiano cœli faftigio ver-
gente in occafum, refidentes : rurfùsque ab occafu
fubter cœli ima, & meridiano contraria accedente,
inundantes : hinc donec iterùm exoriatur, fe for-
bentes. Nec unquàm eodem tempore, quo pridiè,
reflui, ut ancillante fidere, trahenteque fecum
avido hauftu maria, & affiduè aliundè, quàm pridiè, exoriente : paribus tamen intervallis reci-
proci, fenifque femper horis, non cujufque diei,
aut noctis, aut loci, fed æquinoctialibus : ideòque
inæquales vulgarium horarum fpatio ; utcùmque
plures in eas aut diei, aut noctis, illarum menfuræ
cadunt, & æquinoctio tantùm pares ubique.

Quippè modici novâ ad dividuam æftus, ple-
niore ab eâ exundant, plenâque maximè fervent :
indè mitefcunt. Pares ad feptimam primis. Ite-
rùmque alio latere dividuâ augentur. In coitu folis pares. Planè eâdem Aquiloniâ, & à terris lon-
giùs recedente mitiores, quàm cùm in auftros di-
greffa, propiore nifu vim fuam exercet. Per octo-
nos quoque annos ad principia motus, & paria in-
crementa centefimo lunæ revocantur ambitu, au-
gente eâ cuncta folis annuis caufis, duobus æqui-

» suite d'obfervations de plufieurs années,
» il avoit remarqué que la lune agiffoit plus
» fortement fur les eaux, lorfqu'elle étoit
» plus voifine de la terre, & que l'effet
» de fon action n'étoit fenfible pour nous
» que quelque temps après que la lune avoit
» agi, vu l'intervalle qu'il doit y avoir en-
» tre la caufe qui fe paffe dans les cieux,
» & les effets qui en réfultent fur la terre «.
Auffi remarque-t-on que les eaux, qui ont
la force d'inertie, ne perdent pas tout d'un
coup le mouvement qu'elles ont reçu dans
la conjonction de la lune avec le foleil, &
que cette force qu'elles ont commencé à
acquérir, peu-à-peu, avant la conjonction,
& qui les a obligées de s'élever, les conferve

---

noctiis maximè tumentes, & autumnali ampliùs
quàm verno. Inanes verò brumâ, & magis folfti-
tio. Nec tamen in ipfis, quos dixi, temporum ar-
ticulis, fed paucis poft diebus, ficuti neque in
plenâ, aut noviffimâ, fed poftcà : nec ftatim ut
lunam mundus oftendat, occultetque, aut mediâ
plagâ declinet, verùm duabus ferè horis æquinoctialibus feriùs tardiore femper ad terras omnium
quæ geruntur in cœlo, effectu cadente, quàm vifu.
Plinii Hift. Natural. L. 2, *c.* 97. *p.* 27, 28.

encore dans cette élévation, même après la conjonction.

Vertus de l'Aimant, expliquées par les Modernes;

172. Il est peu de choses qui aient plus fixé l'attention des physiciens & avec moins de succès que les propriétés admirables de l'aimant ; on a hazardé de tout temps différentes pensées pour rendre raison des effets curieux de cette pierre métallique. Presque toutes s'accordent à supposer pour cause principale, des corpuscules particuliers qui circulent sans cesse autour & à travers de l'aimant, & un tourbillon de la même matière qui circule autour, & à travers de la terre. Sur ces suppositions, les philosophes modernes, & sur-tout Descartes & ses disciples, ont dit que l'aimant a deux poles comme la terre ; & que cette matiere magnétique, qui circule autour & sort d'un des poles de cette pierre pour rentrer par l'autre, cause cette impulsion qui unit le fer avec l'aimant, dont les petits corpuscules ont une analogie avec les pores du fer, qui leur donne sur ce corps la prise que leur peu d'affinité avec les pores des autres corps ne leur permet pas d'avoir.

C'eſt juſqu'ici tout ce qu'on a dit de plus raiſonnable ſur la vertu magnétique, & c'eſt ce qu'en avoient déja dit les Anciens.

173. Cette force d'impulſion qui unit le fer à l'aimant, & les autres corps à l'ambre, a été connue par Platon, qui la diſtingue même de la force attractive qu'il nie être la cauſe véritable (a). Ce philoſophe appelloit l'aimant, pierre Herculienne, parce qu'elle s'aſſujetṛit le fer, qui dompte toutes choſes.

Connues de
Platon.

174. Lucrèce avoit auſſi connu la cauſe

(a) Τὰ θαυμαζόμενα ἠλέκτρων πέρι τῆς ἕλξεως, καὶ τῶν Ἡρακλείων λίθων, πάντων τούτων ὁλκὴ μὲν οὐκ ἔστιν οὐδενὶ ποτέ. τὸ δὲ κενὸν εἶναι μηδέν, περιωθεῖν τε αὐτὰ ταῦτα εἰς ἄλληλα, τότε διακρινόμενα, καὶ συγκρινόμενα πρὸς τὴν αὑτῶν, &c.

Quæ de ſuccino admirabilia commemorantur, nimirùm de illâ vi attrahendi, quam in ipſo ineſſe dicunt, & de Herculeis lapidibus, reverà omnium illorum nullus fit attractus unquàm. *Quàm nullum autem fit vacuum, & hac ipſa feſe mutuò ultrò, citròque impellant*, & dùm res ſingulæ vel diſcernuntur, vel excernuntur, in ſuas quaſque ſedes variè commeent, &c. *Plato in Timæo, p.* 80. C. *Tom.* 3.

de la propriété de cette pierre, & a sans doute fourni à Descartes l'idée de son explication ; il admettoit en effet » un tour-» billon de corpuscules ou de matiere ma-» gnétique, circulant sans cesse autour de » l'aimant, & qui chassoit l'air qui se trou-» voit entre le fer & cette pierre : l'air » chassé de l'espace qui sépare ces deux » corps, forme un vuide, dit ce philoso-» phe, lequel n'opposant plus aucune rési-» stance à l'approche du fer, ce dernier est » porté par une force impulsive, ou l'air qui » le pousse par derriere, & est obligé par-» là de tendre avec impétuosité vers l'aimant » & s'unir à lui (a). Plutarque est aussi du » même sentiment : il disoit » que l'ambre

---

(a) Principio fluere lapide hoc permulta necesse est
    Semina ; sivè æstum qui discutit aëra plagis,
    Inter qui lapidem, ferrumque est cùmque lo-
    catus.
    Continuò fit, uti qui post est cùmque locatus
    Aër, à tergo quasi provehat, atque propellat :
    Trudit, & impellit, quasi navim, velaque
    ventus.
                      Lucretius, Lib. 6, v. 1000.

» n'attiroit rien de ce que l'on lui préfen-
» toit non plus que l'aimant : cette pierre,
» felon lui, jette hors de foi une matiere,
» laquelle chaffe l'air voifin, & forme par-
» là un vuide ; cet air chaffé pouffe l'air
» qui eft devant lui, lequel en circulant
» revient fur le lieu vuide, & par une force
» impulfive oblige le fer qu'il rencontre à
» fe porter vers l'aimant. Il fe propofe en-
» fuite une difficulté ; fçavoir pourquoi le
» tourbillon qui circule autour de l'aimant
» ne pouffe pas le bois ou la pierre, mais
» feulement le fer ; & il y répond, comme
» Defcartes, que *les pores du fer ayant plus*
» *d'analogie aux particules du tourbillon qui*
» *circule autour de l'aimant, cette affinité leur*
» *donne une prife fur le fer qu'ils n'ont pas fur*
» *les autres corps, dans les pores defquels ils*
» *ne rencontrent pas la même analogie* (a).

(a) Electrum nihil attrahit eorum quæ ei appo-
fita funt, neque Heracleus lapis. Sed lapis hic ha-
litus emittit graves, quibus continens aër impul-
fus, eum qui ante fe eft trudit, isque in orbem agi-
tatus, ac ad vacuum revertens locum, vi unà trahit ferrum.... Cur verò neque lapidem aër, neque

Quelques auteurs prétendent que les Anciens ont connu la boussole & la déclinaison de l'aiguille aimantée.

175. Comme je n'entreprends point de faire ici une déclamation inutile en faveur des Anciens, je passe sous silence tout ce que plusieurs auteurs ont rapporté de leur connoissance des autres propriétés de l'aimant, & sur-tout de celle de la direction vers le pole Septentrional (*a*), par le se-

lignum, sed ferrum modò ad Heracleum promovet lapidem ? quia ferrum habet meatus quosdam, & transitus, atque asperitates, quæ ob inæqualitatem aëri proportione respondent, quibus efficitur ut non elabatur aër, sed sedibus quibusdam receptus, cùm in id ad lapidem revertens incidat, unà secum rapiat, atque perferat. *Plutarch. Platonic. Quæst.* Tom. 2, *p.* 1005. C. D.

Alexander Aphrodisæus, Quæstion. Natural. Lib. 2, c. 23. citat opinionem Empedoclis existimantis *defluxus quosdam corpusculorum tùm ex magnete, tùm ex ferro fieri, & esse in utroque poros sibi mutuò commensuratos.* Subjungit etiam opinionem Democriti, *idem referentis ad effluxiones atomorum.* Vid. & Gassendi opera, Tom. 2, p. 108, col. 2. Galen. de Natural. facult. Lib. 1, c. 14.

(*a*) Albert. Magn. opera, Tom. 2. in Lib. de Mineralibus, Tractat. 3. c. 6. p. 243. col. 2. Adhùc autem Aristotelis in Lib. de Lapidibus dicit : angulus magnetis cujusdam est, cujus virtus apprehen-

cours

cours de laquelle on prétend qu'ils avoient entrepris de longues navigations ; l'un veut que les Egyptiens , les Phéniciens & les Carthaginois n'aient pas ignoré cette direction de l'aimant, & qu'ils aient employé la bouffole pour fe guider dans leurs longs voyages fur mer ; mais qu'enfuite l'ufage s'en foit perdu, de même que la maniere de teindre en pourpre connue des Anciens, leur art de broder , leur maniere de faire la brique & le ciment qui réfiftoient à toutes les injures de l'air & du temps. Le Jéfuite Pinéda , Efpagnol , & Kircher même ont prétendu que Salomon avoit auffi connu la bouffole & que fes fujets s'en étoient fervi pour aller à la terre d'Ophir. On al-

---

dendi ferrum eft ad zoron , hoc eft feptentrionalem : & hoc utuntur nautæ : angulus verò alius magnetis illi oppofitus trahit ad aphron, id eft polum meridionalem : & fi approximes ferrum versùs angulum zoron , convertit fe ad ferrum zoron : & fi ad oppofitum angulum approximes , convertit fe directè ad aphron. Vid. *& Albertum Mag. de metallis Lib.* 1 , *tract.* 3 , *cap.* 6. *& Ariftotel. de Lapidibus.*

lègue même un paſſage de Plaute (*a*), dans
lequel on veut qu'il ait eu deſſein de parler
de la bouſſole ; mais je renonce à ſeconder
les vues de ces auteurs ſur cette particula-
rité, ne trouvant aucun paſſage précis chez
les Anciens qui puiſſe appuyer leurs pré-
tentions (*b*).

176. On aura peine à croire que la véritable cauſe de l'électricité ait été connue
des Anciens ; cependant on la trouve indi-

(*a*) Hàc ſecundus ventus nunc eſt ; cape modò Vor-
　　ſoriam,

Staſime ; cape Vorſoriam, recipe te ad Herum.

*In Mercatore, Act. 5, Scen. 2, & in Trinummo.
Kircher de opere magnetico*, Part. 1.
*Hervaſus, admiranda Ethnica Theolog. Myſteria,
Ann.* 1623.

(*b*) » On peut conſulter Pancirole *de Rebus deper-
» ditis* ſur les connoiſſances des Anciens que nous
» ignorons encore à préſent ; entre autres au Livre
» premier, chap. 1. 35, 36, 39. ſur la couleur pour-
» pre, la ductilité du verre & les effets de la muſi-
» que ancienne. Voy. ſur-tout *Dion. Caſſium, Hiſtor.
in Tiber. Lib.* 57, *p.* 617. E. *Plinium. Lib.* 36,
c. 26, &c. *Iſidorum, de Originib.* L. 20 *in Lib.* 16.
c. 15. pour la ductilité du verre.

quée dans l'ouvrage fur l'ame du **Monde de
Timée de Locres**, qui eft un des premiers
monumens de la philofophie ancienne.
Les fentimens des Phyficiens modernes
font partagés , il eft vrai , fur ce point ;
mais c'eft plutôt dans la maniere différente
d'expliquer les caufes & les directions des
mouvemens différens de la matiere élec-
trique, que fur la caufe même de l'électricité ; ils ne difent point en quoi confifte
l'effence de cette matiere ; ils ne la définif-
fent que par fes propriétés , & n'en expli-
quent que les effets ; mais tous cependant
conviennent qu'il exifte une *matiere* élec-
trique, *très-fluide & très-fubtile* , raffemblée
autour des corps électrifés ; & qui, par fes
mouvemens, eft la caufe des effets de l'é-
lectricité que nous appercevons , lorfque
après avoir été chaffée par le frottement (ou
toute autre caufe) des corps électrifés , *elle
y rentre avec force* , & entraîne avec elle les
petits corps qui fe trouvent dans fon tourbillon ; or c'eft précifément ce qu'en dit
Timée , lorfque , voulant rendre raifon de
la propriété de l'ambre d'attirer les corps,

C ij

il dit que c'eft *parce qu'il fort de l'ambre une matiere fubtile (ou un efprit, πνεύματος) par le moyen de laquelle il attire à foi d'autres corps (a).*

Si les Fleuves retournent à leurs fources ?

177. Les fentimens font encore partagés parmi les Modernes fur la raifon pourquoi les fleuves fe rendant conftamment à la mer, ne groffiffent pas tellement le volume de fes eaux, qu'ils aient déja rempli fon lit; une des principales folutions de cette difficulté eft que ces fleuves retournent à leur fource par des paffages fouterrains, ou des canaux que la Nature a pourvus pour cet effet; & qu'il y a entre la mer & les fources des rivieres, des fleuves & des fontaines, une circulation analogue à celle qui fe fait du fang dans le corps humain.

Cette queftion agitée parmi les Anciens.

178. Cette explication de l'origine des fleuves & la comparaifon même de leur circulation eft prife de Sénèque, qui rend

______

(a) Τὸ δ᾽ ὑλεκ]ρὸν ἐκπιπόντος τῆ πνεύματος ἀναλαμβάνει τὸ ἅμεσον σῶμα : Siccinum verò, excreto fpiritu, fufcipit fimile corpus. *Timée de Locres, Edit. Serrani, p.* 102. A.

compte non-seulement de la raison pourquoi ils ne remplissent pas le lit de la mer, parce qu'ils retournent à leur source par des routes secrettes, pratiquées par la Nature; mais ajoûte encore que la raison pour laquelle l'eau des fontaines & des rivieres ne conserve point l'amertume qu'elle devroit tirer de son origine, vient de ce qu'elle est filtrée dans le grand circuit qu'elle parcourt sous terre, par des sentiers si détournés & si variés, & à travers tant d'espèces de terroirs différens, qu'il n'est pas possible qu'elle ne s'y dépouille de l'amertume de son goût, & ne se transmette à sa source dans le même degré de pureté qu'elle en étoit partie (a).

(a) Terra quidquid aquarum emisit, rursùs accipit : & ob hoc, maria non crescere : occulto enim itinere subit terras, & palàm venit, secreto revertitur, colaturque in transitu mare : quod per multiplices anfractus terrarum verberatum, amaritudinem ponit, & pravitatem saporis in tantâ soli varietate exuit, & in sinceram aquam transit. *Senec. Quæst. Natural. L.* 3, *c.* 5 & 15.

Partim quod subter per terras diditur omnes.

Percolatur enim virus, retròque remanat

Sentiment de l'Ecclé-fiaste.

179. L'Eccléfiafte a auffi un paffage auffi élégant que philofophique fur le même fujet & dit à-peu-près la même chofe en peu de mots. » Les fleuves entrent dans la » mer, dit le Sage, & la mer ne regorge » pas ; ils reviennent à la fource d'où ils » étoient partis pour recommencer de nou- » veau leur cours *(a)*.

Materies humoris , & ad caput amnibus omnis
Convenit ; indè fuper terras fluit agmine dulci,
Quâ via fecta femel liquido pede detulit undas.
Lucr. Lib. 5 , *v.* 169.

(a) כל הנחלים הלכים אל הים
והים איננו מלא : אל מקום שהנחלים
הלכים שם הם שבים ללכת.

Omnia flumina intrant in mare , & mare non
redundat : ad locum undè exeunt flumina , revertuntur, ut iterùm fluant. *Ecclefiaf.* c. 1 , v. 7.

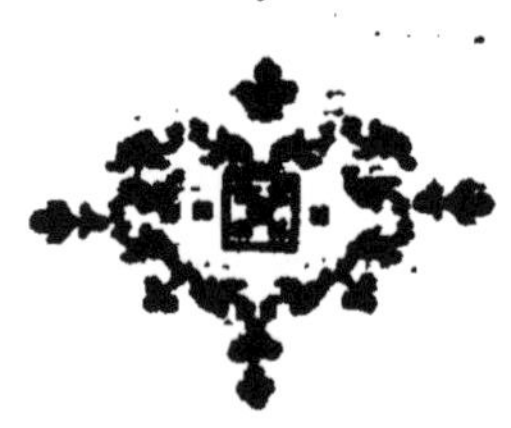

CHAPITRE III.

De la circulation du Sang & des Trompes de Fallope.

180. La Médecine nous fournit aussi quelques exemples frappans de l'injustice faite aux Anciens en cherchant à les priver de la gloire d'avoir fait les découvertes les plus importantes dans cette science. J'apporterai deux ou trois preuves de cette vérité qui sont de la derniere évidence ; & il ne tiendra qu'au lecteur d'appercevoir dans les passages que je produirai pour appuyer ces preuves, non-seulement des traces, mais même des leçons claires, par lesquelles il paroît que les Anciens enseignoient les choses dont on va jusqu'à leur disputer la connoissance.

181. Il est à remarquer, à l'égard de la Médecine, qu'il n'y a pas de science qui ait été perfectionnée de meilleure heure : dans l'espace de plus de deux mille ans qui se sont écoulés depuis Hippocrate, on a à

peine ajouté un nouvel aphorifme à ceux que ce grand homme a donnés ; malgré tous les foins & toutes les obfervations de tant de grands hommes qui fe font appliqués à l'étude de cette fcience.

182. Je laiffe à part l'idée de quelques auteurs modernes (*a*), qui ont prétendu prouver que Salomon avoit eu connoiffance de la circulation du fang, pour paffer aux témoignages plus certains que me fournira Hippocrate fur ce point. On ne pourra pas nier, après les avoir examinés, que cet habile Médecin ne connût ce dont il a parlé fi clairement. Un fçavant Moderne (*b*) voulant juftifier ce pere de la Médecine de ce qu'il ne s'eft pas étendu

─────────

(*a*) *Bontekoe de vita humana fanitate*, p. 278. *Witfius, Mifcellanea facra*, tom. 2, p. 164.— *Holtingerus, in Bibliographiâ Phyfico-facrâ*—*Scheuchzer, Phyfique facrée*, tom. 7. p. 181. col. 2. qui rapporte là-deffus le fentiment de Praunius tiré d'un de fes manufcrits. *J. Smith, in Phil. Tranfact.* N. 14. *Warliz, in Valetudine fenum.*

(*b*) *Almeloveen Inventa Nov—antiqua*, p. 225. *Amft. 1684. in-12.*

davantage dans ses ouvrages sur ce sujet, en donne pour raison qu'Hippocrate, ayant tant d'autres choses importantes à traiter, avoit jugé inutile de parler de celle-ci, qui étant déja connue, pouvoit être enseignée par d'autres ; ce qui eût été alors la même chose que s'il eût entrepris d'écrire une Iliade après Homere.

183. En effet il est difficile de se persuader qu'Hippocrate n'ait pas connu la circulation du sang, lorsqu'on lui entend dire » que toutes les veines communiquent » entre elles, & coulent les unes dans les » autres (*a*) ; que les veines qui sont répan-

Paſſages d'Hippocrate qui ſont voir qu'il a connu la circulation du ſang.

(*a*) *Hippocrates , Edit. van-der-Linden. Lug. Bat.* 1665. *t. 1. p.* 367. *Sect.* 9. *de Locis in homine.* Κοινωνέουσι δὲ πᾶσαι αἱ φλέβες, κỳ διαρρέουσι ἐς ἑωυτάς. *Communicant autem omnes venæ & confluunt inter se mutuò.* » Entre tous ceux qui ont soutenu qu'Hip» pocrate avoit connu la circulation du sang, se » sont distingués : *J. Antonides van-der-Linden , Hippocrates de circulatione sanguinis , Leidæ* 1659. *Philip. Jacob. Hartmannus , de perit. vet. anat. Pierre Barra Hippocrate de la circulation du sang & des humeurs. Lyon ,* 1682. *in*-12. *Carolus Patinus , circulationem sanguinis veteri-*

» dues par tout le corps, & qui y portent
» l'efprit, le flux & le mouvement, font
» toutes des branches d'une feule veine (*a*).
» J'avoue que je ne fçais point, dit-il,
» d'où elle tire fon principe, ni où elle finit;
» car dans un cercle on ne peut trouver ni
» le commencement ni la fin. Plus loin il
» dit, que le cœur eft la fource des artères,
» par lefquelles le fang eft porté dans tou-
» tes les parties du corps, & y communi-
» que la vie & la chaleur (*b*) : il ajoûte que

---

bus cognitam fuiſſe. Patav. 1685. *in*-4.—*Laurentius
Heiſterus, an ſanguinis circulus vateribus incognitus
fuerit. Helmſt.* 1721, *in*-4. Enfin, dans le livre
des Fiévres, publié en 1723 pat M. Noël Falconer.

(*a*) Αἱ φλέβες διὰ τοῦ σώματος κεχυμέναι, πνεῦμα, κỳ
ῥεῦμα, κỳ κίνησιν παρέχονται, ἀπὸ μιῆς πολλαὶ διαβλασ-
τάνουσαι. κỳ ἄρθη μὲν ἡ μία ὅθεν ἔρχεται, κỳ ἡ τελευτᾷ·
ἴσκεν, οὐκ οἶδα· κύκλου γὰρ γεγενημένου ἀρχὴ οὐκ εὑρέθη.
*Venæ per corpus diffuſæ, ſpiritum, & fluxum, ac
motum exhibent, ab unâ multæ germinantes, atque hæc una undè oriatur, & ubi deſinat, non
ſcio : circulo enim facto, principium non inve-
nitur. Idem, tom.* 1, *pag.* 304. *Sect.* 17, *Lib. de
venis.*

(*b*) Ῥίζωσις ἀρτηριῶν καρδίη. ἐκ τούτων ἀποπλανᾶται
ἐς πάντα αἷμα, κỳ πνεῦμα, κỳ θερμασίη διὰ ἴσων·

» ce font les ruiffeaux qui arrofent le corps
» humain, & portent la vie dans toutes les
» parties de l'homme (*a*) » : il dit dans un
autre endroit, que le cœur & les veines
font toujours en mouvement (*b*) ; il compare le cours des fleuves, qui retournent
à leur fource, par des voies extraordinai-
res, *à la circulation du fang* (*c*) : il ordon-
noit la faignée, afin de procurer un mou-

φοιτᾶ. Radicatio arteriarum cor : ex his aberrant
in omnia fanguis, & fpiritus, & calor per hæc
meat. *Idem, tom.* 1 *, de Alimento, pag.* 596,
Sect. 7.

(*a*) Αὗται πηγαὶ φύσιος ἀνθρώπου, καὶ οἱ ποταμοὶ ἐνταῦθα ἀπὸ τὸ σῶμα, τοῖσιν ἄρδουσι τὸ ζῶον, ὅταν ᾖ καὶ ζῶντα φέρουσι τῷ ἀνθρώπῳ. Hi fontes funt humanæ naturæ,
& hîc flumina funt, quibus totum corpus irriga-
tur : atque hi etiam vitam homini conferunt. *Idem
de corde, tom.* 1 *, p.* 291. *Sect.* 5.

(*b*) » Les Anciens donnoient fouvent le nom de
» veines aux artères. Ἡ καρδίη, καὶ αἱ κοῖλαι φλέβες ἀεικίνητοι. Cor, & venæ cavæ femper moven-
tur. *Idem Lib. de Principiis, tom.* 1 : *p.* 116. *Sect.* 7.

(*c*) Ποταμοὶ δὲ μὴ κατὰ τρόπον γινόμενοι, αἵματος
περίοδον σημαίνουσι. Flumina autem non folito more
fluentia fanguinis periodum fignificant. *Idem de
Infomniis. pag.* 460. *tom.* 1 *, Sect.* 13.

vement libre au fang & aux efprits dans
l'apoplexie ou autres accidens femblables,
dont il attribuoit la caufe à l'obftruction
qui fe trouvoit alors dans les veines, & in-
terceptoit les paffages ; il dit encore, que
*lorfque la bile entre dans le fang, elle dérange
fa confiftance & trouble fon cours ordinaire (a);
de plus il compare cet admirable méchanifme à
des pelotons, dont les fils reviennent les uns
fur les autres, & dit que dans le corps il fe fait
de même un circuit qui fe termine où il a commencé (b)* : enfin on trouve mille endroits
dans cet auteur, par lefquels on voit clairement que la circulation du fang lui a été
connue ; & que je me contenterai d'indi-

(a) *Idem. de Diætâ acutor. Lib.* 4... *de Morbis,
Lib.* 1 , *cap.* 28.

(b) Τὅτο πελάδος ὲ τῷ σώματι· ὁπόθεν ἄρχεται, ἰπὶ
τὅτο πελευτᾷ. Plicatores, ac textores ducentes in orbem fila plicant, à principio in principium defi-
nunt. Idem circuitus in corpore eft : undè incipit,
in hoc definit. *Idem de Diætâ , Lib.* 1 , *Sect.* 15,
n. 26, 27. *Edit. van-der-Linden , & Juntarum,
tom.* 2 , *pag.* 379. *B.*

quer, pour ne pas être trop prolixe, en voulant les rapporter tous (*a*).

184. Platon eſt le premier après Hippocrate qui ait parlé avec quelque clarté
de la circulation du ſang ; il penſoit *que le*
cœur étoit la ſource des veines & du ſang qui
ſe porte rapidement dans toutes les parties (*b*) ;
& que, lorſque le ſang s'épaiſſiſſoit, *il cou-*
loit plus difficilement par les veines (*c*).

185. Ariſtote regardoit auſſi le cœur
comme le principe & la ſource des veines
& du ſang ; il diſoit qu'il ſort deux veines

Paſſages de
Platon;

d'Ariſtote;

(*a*) *Vide eundem de Morbis, Lib.* 1 *, pag.* 33.
Sect. 29... *de Inſomniis Sect.* 13... *Epidemic. Lib.* 6,
Sect. 6... *De naturâ pueri... De locis in homine.*

(*b*) Τὴν δὲ δὴ καρδίαν ἅμα τῶν φλεβῶν, καὶ πηγὴν τῶ
περιφερομένω κατὰ πάντα τὰ μέλη σφοδρῶς αἵματος. Cor
verò venarum originem, fontemque ſanguinis per
omne corpus impetu quodam manantis. *Plato in*
Timæo. Edit. Ficini, Lugd. 1590. *p.* 543.

(*c*) Μήτε ἂν πυκνότερον (αἷμα), δυσκίνητον ὂν, μόλις
ἀντιστρέφοιτο ἐν ταῖς φλεψί. Neque ſi craſſior ſit (ſan-
guis) ad motum fiat ineptior, atque ægrè per venas fluat, & refluat. *Plat. in Timæo. Edit. Ficin.*
pag. 549. *lin.* 57. *& ſeq.*

Vide & verſionem Serrani, Edit. Steph. tom. 3,
pag. 70, 82 *&* 85.

du cœur, l'une du côté droit, & *l'autre du côté gauche*, à laquelle il a le premier donné le nom d'*aorte*; & il foutenoit que *les artères avoient une communication avec les veines, & que celles-ci leur étoient intimement liées* (a).

De Julius Pollux;

186. Julius Pollux, dans fon Onomafticon, décrivant toutes les parties du corps & leur ufage, dit entre autres chofes, en parlant des artères, qu'elles font les chemins & les canaux de l'efprit, comme les veines font ceux du fang; & en parlant du cœur il dit, qu'il a deux cavités,

---

(a) Ἀποτείνει γὰρ ἐκ τῶν πλαγίων φλεβῶν, φλέβια διπλᾶ ἐκ τῆς μεγάλης φλεβὸς, καὶ τ' ἀρτηρίας παρ' ἑκάστην πλευρὰν, καὶ φλέβα, καὶ ἀρτηρίαν παρακεῖσθαι· τὰς δὲ φλέβας καὶ τὰς ἀρτηρίας συνάπτειν.

Nam è lateribus venæ magnæ, & arteriæ exiles venæ utrinque derivantur, per obliquum fcilicet, & venæ cuilibet arteria fua eft adjuncta. Quod autem venæ, & arteriæ, inter fe committantur, fenfu quoque ipfo manifeftum eft. *Ariftot. opera de Partibus animal. Lib.* 3, *c.* 4, *& tom* 1, *pag.* 752. *D. E. &* 753. *Vid. & tom.* 1, 689. *A, &* 690. *E.*

dont l'uns a communication avec les artères & l'autre avec les veines (*a*).

187. Apulée exposant la doctrine de
Platon, parle aussi de la circulation du
sang & la décrit aussi clairement que les
Modernes en peu de mots ; il ne dit pas, il
est vrai, que le sang sorte du cœur par les
artères, mais il *lui fait prendre la route des
poumons en sortant du cœur, pour se répandre ensuite dans toutes les parties du corps* (*b*).

188. Enfin Némésius, évêque d'Emisse,
lequel peut être compté parmi les Anciens,
parce qu'il vivoit dans le quarrième siècle,
a aussi un passage très-clair là-dessus, dans
lequel il dit, » que le mouvement du pouls

____

(*a*) *Julius Pollux de Naucratis* en Egypte, qui
florissoit l'an 180 de J. C. dans son *Onomasticon*
imprimé à *Amsterdam* en 1706. 2 *vol. fol. Lib.* 2,
cap. 4, *Sect* 215.

(*b*) Sic exponit sententiam Platonis. Sed regione
cordis venarum meatus oriuntur, per pulmonis spi-
racula vivacitatem transferentes, quam de corde
susceperant, & rursùs ex illo loco divisæ per membra, in totum hominem juvant spiritum. *Apuleïus,
in libro de dogmate Platonis, Edit. Aldi* 1521, *in-8.*
pag. 200.

» a son origine dans le cœur, & particu-
» lièrement dans le ventricule gauche de
» ce viscère. L'artère est dilatée, & puis
» retirée avec beaucoup de force par une
» sorte d'ordre & d'harmonie continuelle :
» lorsqu'elle se dilate, elle attire les parties
» les plus subtiles du sang des veines pro-
» chaines, & de l'exhalaison ou vapeur de
» ce sang se fait l'aliment des esprits vi-
» taux; mais lorsqu'elle se contracte, elle
» exhale toutes les fumées qu'elle con-
» tient dans tout ie corps, & par des pas-
» sages secrets (*a*).

(*a*) Erudissimus ille, quisquis fuerit, qui editionem Nemesii de Naturâ hominis Græco-Latinam
Oxonii procuravit ; in Præfatione, circuitum
sanguinis Nemesio cognitum fuisse contendit. *Si
hæc autem*, inquit, *leviora videantur, quid demùm
dicemus, si ratio circulationis sanguinis, in quo
uno invento sæculum hoc tantoperè se effert, Nemesio dudùm sit agnita, verbisque satis signantibus
adumbrata ?* Consulat Lector cap. 14 & dijudicet,
num temerè hæc dicantur : ἀλλὰ διαστέλλεται μὲν ἐκ τῶν
παρακειμένων φλεβῶν ·λει τῇ βίᾳ τὸ λεπτὸν αἷμα. Ad
quæ verba hæc doctus ille vir annotavit : *In sanguinis circulatione arteria pneumonica trahunt ex*

189. Il paroît par ce que l'on vient de
dire que la circulation du fang a été connue des Anciens, & qu'ils ne fe font pas expliqués davantage fur ce fujet par les raifons déja alléguées ; & ce qui réduit à peu
de chofe la part que peut avoir Harvey à
l'honneur de cette découverte, eft que
Servet avoit déja parlé avant lui de la circulation du fang affez clairement dans la
cinquième Partie de fon Livre *De Chriftia-
nifmi reftitutione*, ouvrage d'une fi grande
rareté, qu'il eft peu de perfonnes qui puif-
fent fe vanter de l'avoir vu imprimé (a).

------

*venâ cavâ, & arteria magna ex venis pneumonicis ;
utrumque tamen mediante corde.* Si addidiffet venas
alibi trahere ex arteriis adjacentibus, nihil rectius
dici potuiffet. *Almeloveen, p. 223.*

(a) » Servet a publié le même Livre fous deux ti-
» tres différens ; celui pour lequel il fut brûlé à
» Genève en 1553 eft intitulé : *De Trinitate Di-
» vinâ Libri feptem*, & n'avoit été imprimé que
» quelques mois avant la mort de l'Auteur. Le foin
» que l'on prit d'en brûler tous les exemplaires à
» Vienne en Dauphiné, à Genève & à Francfort, a
» rendu ce Livre d'une fi grande rareté que l'on pré-
» tend qu'il n'en exifte que trois ou quatre exem :

M. Wotton dans ses *Réflexions sur les Anciens & les Modernes* cite ce passage de Servet que les curieux ne feront pas fâchés de
trouver ici en entier (*a*). Dans ce passage

» plaires , dont un étoit en 1613 dans la Biblio-
» thèque du Landgrave de Hesse-Cassel. J'ai eu en-
» tre les mains un autre exemplaire qui avoit ap-
» partenu au Docteur Friend, & dans lequel ce
» même passage rapporté à la note suivante se
» trouve aux pages 143, 144 & 145. Le livre est
» sans nom du lieu où il a été imprimé & sans date.

(*a*) Vitalis est spiritus, qui per *anastomosin* ab
arteriis communicatur, in quibus dicitur natura-
lis. Primus ergò est sanguis, cujus sedes est in he-
pate, & corporis venis : secundus est spiritus vitalis, cujus sedes est in corde, & corporis arteriis :
tertius est spiritus animalis, cujus sedes est in ce-
rebro, & corporis nervis.

Ut autem intelligatur quomodò sanguis est ip-
sissima vita, priùs cognoscenda est substantialis
generatio ipsius vitalis spiritûs, qui *ex aëre inspirato, & subtilissimo sanguine componitur, & nutri-
tur. Vitalis spiritus in sinistro cordis ventriculo
suam originem habet, juvantibus maximè pulmonibus ad ipsius perfectionem. Est* spiritus tenuis, calo-
ris vi elaboratus, flavo colore, igneâ potentiâ, ut
sit quasi ex puriore sanguine lucens vapor, sub-

Servet distingue trois sortes d'esprits dans le corps humain, & dit » que le sang,

---

stantiam continens aquæ, aëris, & ignis. Generatur ex factâ in pulmone commixtione inspirati aëris cum elaborato subtili sanguine, quem dexter ventriculus sinistro communicat.

Fit autem communicatio hæc non per parietem cordis medium, ut vulgò creditur; sed *magno artificio à dextro cordis ventriculo, longo per pulmones ductu, agitatur sanguis subtilis, à pulmonibus præparatur, flavus efficitur, & à venâ arteriosâ in arteriam venosam transfunditur:* deinde in ipsâ arteriâ venosâ inspirato aëri miscetur, & exspiratione à fuligine expurgatur. *Atque itâ tandem à sinistro cordis ventriculo totum mixtum per diastolen attrahitur, apta supellex ut fiat spiritus vitalis.*

Quòd ita per pulmones fiat communicatio, & præparatio, docet conjunctio varia, & communicatio vena arteriosa cum arteriâ venosâ in pulmonibus.

Paulò infrà: Ille itaque spiritus vitalis *à sinistro cordis ventriculo in arterias totius corporis deindè transfunditur*, itâ ut qui tenuior est, superiora petat, ubi magis elaboratur, præcipuè in plexu retiformi sub basi cerebri sito, ubi ex vitali fieri incipit animalis, ad propriam rationalis animæ rationem accedens. Michael Servetus *Quintâ Parte Christianismi Restitutionis* à Wottone, & citatus. Douglas, *Bibliograph. Anatomic. specimen*, p. 104.

» qu'il appelle efprit vital, eft répandu dans
» le corps par l'*anaftomofe* (ou l'inofcula-
» tion de deux vaiffeaux par leurs extrémi-
» tés): » fur quoi il faut remarquer que Servet a le premier employé ce terme pour
expliquer la communication des artères
avec les veines. Il fait contribuer » l'air
» répandu dans les poumons à la forma-
» tion du fang, lequel il fait venir du ven-
» tricule droit du cœur, par le canal de
» l'artère pulmonaire; il dit que le fang
» eft préparé dans les poumons par un mou-
» vement de l'air qui l'agite, le fubtilife &
» fe mêle avec cet efprit vital, lequel en-
» fuite par le mouvement de diaftole eft
» reçu dans le cœur comme un fluide pro-
» pre à porter la vie avec lui. Il foutient
» que cette communication & cette prépa-
» ration du fang dans les poumons eft ren-
» due évidente par la jonction des veines
» avec les artères dans ce vifcère ; & il
» conclut par dire que le cœur ayant reçu
» le fang ainfi préparé du poumon, le re-

Haller, Method. ftud. Med. p. 383, » dit que Servet
n'a » fait qu'expofer le fentiment de Galien.

» jette enfuite par le moyen de l'artère du
» ventricule gauche , appellée l'aorte , qui
» le diftribue dans toutes les parties du
» corps «. André Céfalpin , qui vivoit auffi
dans le feizième fiècle , a deux paffages qui
contiennent précifément tout ce que l'on
fçait de la circulation du fang. Il explique
au long » comment le fang , fortant du ven-
» tricule droit du cœur par l'artère pulmo-
» naire pour paffer dans le poumon , rentre
» par anaftomofe dans les veines pulmo-
» naires (*a*) , pour fe rendre dans le ventri-

(*a*) Idcircò pulmo per venam arteriis fimilem ex
dextro cordis ventriculo fervidum hauriens fanguinem , eumque per anaftomofin arteriæ venali red-
dens , quæ in finiftrum cordis ventriculum tendit ,
transmiffo interim aëre frigido per afperæ arteriæ
canales , qui juxta arteriam venalem protenduntur,
non tamen ofculis communicantes , ut putavit Galenus , folo tactu temperat. Huic fanguinis circu-
lationi ex dextro cordis ventriculo per pulmones in
finiftrum ejufdem ventriculum optimè refpondent
ea , quæ ex diffectione apparent. Nam duo funt
vafa in dextrum ventriculum definentia , duo etiam
in finiftrum : duorum autem unum intromittit
tantùm , alterum educit , membranis eo ingenio

» cule gauche du cœur , & être enfuite di-
» ftribué par l'aorte dans toutes les parties
» du corps (a).

---

conftitutis. Vas igitur intromittens vena eft magna
quidem in dextro , quæ cava appellatur ; parva autem in finiftro ex pulmone introducens , cujus unica
eft tunica , ut cæterarum venarum. Vas autem educens arteria eft magna quidem in finiftro , quæ
aorta appellatur ; parva autem in dextro, ad pulmones derivans, cujus fimiliter duæ funt tunicæ,
ut in cæteris arteriis. *Quæftionib. Peripateticis, Lib.*
5 , 125. Edit. Junta , 1593 , in-4.

» Remarquez que la premiere Edition du Livre de
» Céfalpin a paru en 1571 à Venife; c'eft-à-dire,
» près de 60 ans avant l'ouvrage d'Harvey, qui a
» fait fes études à Padoue près de Venife, où il a
» auffi féjourné long-temps ». Boerhaavius, in Methodo ftudii Medici , p. 4 , c. 2 , p. 79, Edit. Amft.
dicit *Cefalpinum primum fuiffe inventorem circula-*
tionis fanguinis , fed non evulgaviffe , nec eò ufquè
penetraviffe quò Harveius. Voyez auffi Galien *de*
ufu partium , Lib. 7. cap. 7, 8 & 9.

(a) An folvitur dubitatio ex eo quod fcribit
Ariftoteles de fom. cap. 3 ubi inquit : Neceffe enim
quod fevaporatur aliquò ufquè imp...., deindè
converti , & permutari ficut Euripum : calidum
enim cujufque animalium ad fuperiora natum eft
ferri : cùm autem in fuperioribus locis fuerit,

190. Jean Léonicénus dit que le fameux Paul Sarpi, connu autrement sous le nom de Fra-Paolo, avoit découvert la circulation du sang, & connu *les valvules des veines, semblables à des soupapes, qui s'ouvrent pour donner passage au sang, & qui se ferment pour s'opposer à son retour ;* & qu'il communiqua son secret à *Fabricius ab Aquapendente*, Professeur en Médecine à Padoue dans le seizième siècle, & successeur de Fallope, & que Fabricius le dé-

Harvey ne l'a pas enseignée le premier parmi les Modernes.

---

multum, simul iterùm revertitur, ferturque deorsùm. Hæc Aristoteles.. Pro cujus loci explicatione illud sciendum est : Cordis meatus ità à naturâ paratos esse, ut ex venâ cavâ intromissio fiat in cordis ventriculum dextrum, undè patet exitus in pulmonem : ex pulmone prætereà alium ingressum esse in cordis ventriculum sinistrum ; ex quo tandem patet exitus in arteriam aortam, membranis quibusdam ad ostia vasorum appositis, ut impediant retrocessum : sic enim perpetuus quidam motus est ex venâ cavâ per cor, & pulmones in arteriam aortam : ut in quæstionibus Peripateticis explicavimus. *In Quæst. Medicis, Lib.* 1. *Quæst.* 17, *pag.* 234.

couvrit à Harvey , qui étudioit fous lui à Padoue.

Trompes de Fallope connues des Anciens.

191. Il y a une autre découverte importante dans l'Anatomie (*a*) , attribuée à Fallope , laquelle a cependant une origine plus ancienne ; je veux parler des deux conduits qui naiffent des côtés de la matrice , dont l'ufage eft de conduire la femence ou les œufs de la femelle , des ovaires dans la matrice , & que l'on appelle *Tubæ Fallopii* ou *Trompes de Fallope* , parce qu'elles ont à-peu-près la figure d'une trompette , & paffent pour avoir été dé-

---

(*a*) ” Ce feroit une chofe auffi longue qu'en-
” nuyeufe de vouloir rapporter ici toutes les dé-
” couvertes des Anciens dans l'Anatomie, la Chi-
” rurgie & la Médecine ; un fçavant Chirurgien
” du Roi de la Grande-Bretagne obferve dans
” l'ouvrage de M. Wotton que les Anciens ont eu
” bien des connoiffances en Chirurgie que nous
” n'avons plus : par exemple, ils ouvroient avec
” fuccès le larynx dans l'efquinancie ; ce qu'aucun
” Chirurgien moderne ne fe foucie d'entreprendre :
” on le fait cependant quelquefois. Voyez Friend ,
Hiftoire de la Médecine , Partie I *, pag.* 109 , 110.

couvertes par Fallope , Modénois , mort
en 1562. On les trouve cependant décri-
tes dans Ruffus d'Ephefe de la maniere fui-
vante : » Hérophile (a) , dit-il, croyoit que
» les femmes n'ont point de paraftates va-
» riqueux , mais nous avons trouvé, en
» examinant la matrice d'une bête, cer-
» tains vaiffeaux qui naiffent des tefti-
» cules , & qui étant repliés de côté &
» d'autre , en forme de varices, vont abou-

(a) Ἡροφίλῳ μὲν γὰρ ἒ δοκεῖ τὸ Θῆλυ κιρσοειδεῖς ἔχειν παραστάτας. ἐν δὲ προβάτου ὑστέρᾳ ἔιδομεν ἐκ τ̃ διδύμων πεφυκότα τὰ ἀγγεῖα κεκιρσωμένα ἑκατερόθεν , ζυνετέτρητο δὲ ταῦτα εἰς τὸ κοίλωμα τῆς ὑστέρας. ὑφ' ὧν ὑπόμυξον ὑγρὸν πιεσόντων ἀπεκρίνετο. καὶ ἦν πολλή δόκησις σπερματικὰ ταῦτα εἶναι , καὶ τοῦ γλύκυς τῶν κιρσοειδῶν. τοῦτο μὲν δὴ οἷον ἐστιν, αἱ ἀνατιμαὶ δίχα δείξουσιν. Herophilo non videtur femina varicofos habere paraftatas. In ovis autem utero vidimus è teftibus utrinque enata vafa varicofa, quæque perforarentur in cavum uteri. Ab his compreffis fubmucofum quoddam humidum excernebatur : eratque magna fufpicio feminalia hæc effe, & ex genere varicoforum ; hoc verò quale fit, profeƈtiones abundè demonftrant. *J. A. van-der-Linden , Medicina Phyfiol. cap.* 7 , *pag.* 281.

» tir par l'une de leurs extrémités dans la
» cavité de la matrice. Il en fort même
» une humeur gluante en les exprimant ;
» & l'on croit que ce font certainement des
» vaiffeaux féminaires de la forte de ceux
» que l'on appelle variqueux.

CHAPITRE IV.

De la Chirurgie des Anciens.

192. Au lieu de mes propres recher- ches sur le sujet de ce chapitre, je crois ne pouvoir mieux faire que de présenter au Lecteur un Extrait *des Réflexions de M. Bernard*, premier Médecin du Roi d'Angleterre, dont l'habileté ne peut manquer de donner le plus grand poids à son opinion, & qui autorise d'une maniere aussi remarquable, & dans un article aussi essentiel, le sentiment que j'entreprends d'établir. Voici donc une traduction fidèle d'une partie du Mémoire que cet habile Chirurgien avoit communiqué en Anglois à son ami M. Wotton.

Extrait d'un Mémoire de M. Bernard sur la Chirurgie des Anciens.

» 193. Si nous faisons bien attention (dit M. Bernard), à ce que les Modernes » ont ajoûté à la Chirurgie des Anciens, » nous serons obligés de convenir que nous » n'avons pas le moindre droit de nous » élever au-dessus de ces derniers, ou d'ê-

» tre tentés de les méprifer, comme il
» arrive à ceux qui ne fçavent rien, n'ont
» rien lu, & ne peuvent pas donner des
» preuves plus fortes & plus convaincan-
» tes de leur ignorance & de leur orgueil,
» qu'en fe conduifant de la maniere qu'ils
» le font à l'égard de ces grands hommes.
» Je ne prétends pas foutenir que les Mo-
» dernes n'ont en aucune façon contribué
» à l'avancement de la Chirurgie ; ce fe-
» roit une extravagance auffi grande que
» celle dont je me plains de l'autre côté :
» ce que je prétends feulement eft que le
» mérite des Modernes confifte plutôt à
» avoir renouvellé les inventions des An-
» ciens, & les avoir expofées dans un meil-
» leur jour, qu'en aucune découverte im-
» portante qu'ils aient faite eux - mêmes
» dans cette fcience. Soit que l'art de gué-
» rir les bleffures, tombant immédiate-
» ment fous nos fens, ait été par cette
» raifon l'objet de l'étude des hommes de
» meilleure heure, & foit devenu par-là
» plus fufceptible d'acquérir un certain
» degré de perfection que les autres bran-

» ches de la Médecine ; ou que la plus
» grande partie de ceux qui ne font rien de
» plus que fimples profeffeurs , aient été
» des ignorans ou des empiriques ; quelle
» que foit, dis-je, de ces deux raifons , il
» eft certain que cette fcience n'a pas été
» cultivée depuis quelques fiècles autant
» qu'elle a roit pu l'être ; & il fuffit pour
» preuve de ce que l'on avance , de com-
» parer le petit nombre des bons écrivains
» fur cette matiere avec ceux qui ont écrit
» fur les autres branches des arts & des
» fciences...... Quiconque eft verfé dans les
» écrits des Anciens & a eu l'occafion & la
» capacité de juger de leur mérite par l'ex-
» périence , avouera ingénuement que ce
» qui doit contribuer à rendre leur lec-
» ture plus utile que celle des Modernes,
» eft qu'ils font plus exacts à décrire les
» fignes & les indications des maladies,
» & plus juftes & plus précis que les Mo-
» dernes dans leurs diftinctions des diffé-
» rentes efpèces d'ulcères & de tumeurs. Si
» notre fiècle a retranché certaines métho-
» des fuperflues de la pratique [comme on

» doit en convenir] on ne peut pas démon-
» trer que ces mêmes méthodes foient ve-
» nues des Anciens : mais il eſt plus pro-
» bable qu'elles ont été introduites en
» grande partie par des profeſſeurs igno-
» tans & barbares d'une date beaucoup plus
» récente. Il n'eſt pas douteux que la per-
» fection à laquelle la Chirurgie a été por-
» tée dans ces derniers ſiècles eſt principa-
» lement dûe aux découvertes qui ont été
» faites dans l'anatomie, par le moyen deſ-
» quelles nous ſommes plus en état de ren-
» dre raiſon de pluſieurs de ces phénomènes
» qui étoient auparavant inexplicables , ou
» ſouvent mal expliqués. Mais la partie la
» plus eſſentielle , l'art de guérir les plaies,
» à laquelle toutes les autres doivent cé-
» der, eſt reſtée à-peu-près dans le même
» état dans lequel les Anciens nous l'ont
» tranſmiſe. Ce que je viens de dire eſt in-
» conteſtable , & j'en appelle pour preuve
» à tous ces Cours de Chirurgie qui ont été
» publiés par les plus ſçavans & les plus cé-
» lèbres d'entre les Modernes , & qui pa-
» roiſſent avoir été copiés les uns d'après

» les autres, excepté les meilleurs, qui
» font pris des Anciens. Entre tous les écri-
» vains fyſtématiques, peu refufent la pré-
» éminence à *Fabricius ab Aquapendente,*
» homme d'une érudition & d'un jugement
» exquis, & cependant il n'a pas honte de
» déclarer que *Celfus* parmi les Latins,
» *Paul Eginete* parmi les Grecs, & *Albucafis*
» chez les Arabes, font ceux à qui il doit
» le plus pour la compoſition de fon excel-
» lent livre. Mais, dira-t-on, combien
» d'opérations font à préfent en ufage, qui
» étoient inconnues aux Anciens ! Je crains
» fort, au contraire, qu'un examen impartial
» ne nous en faffe découvrir de plus avan-
» tageufes omifes ou difcontinuées, que
» de nouvelles que nous ayons introduites;
» pourvu que nous apportions dans cet exa-
» men des efprits libres de préjugés & de
» toute partialité : il fuffira d'un court dé-
» tail pour déterminer fi les Anciens mé-
» ritent autant d'être négligés que quel-
» ques-uns voudroient nous le perfuader.

» 194. Pour commencer par l'opération de
» la pierre, perfonne ne doute qu'ils n'aient

Détail des connoiffan-ces des An-

» droit de la réclamer. Celſus & pluſieurs
» autres en ont donné d'exactes deſcrip-
» tions ; quoique, pour rendre juſtice à
» chaque ſiècle, il faille avouer que la ma-
» nière d'opérer, préférable en pluſieurs
» cas, & connue ſous le nom de *Magnus*
» *apparatus* ou *la grande opération*, a été in-
» ventée par *Johannes de Romanis* de Cré-
» mone, qui vivoit à Rome l'an 1520, &
» publiée à Veniſe en 1535 (*a*). L'inven-
» tion de l'inſtrument dont nous faiſons
» uſage pour trépaner appartient ſans doute
» aux Anciens, & a été ſeulement perfec-
» tionné par *Woodall* & *Fabricius ab Aqua-*
» *pendente*. La ponction eſt auſſi, à tous
» égards, une de leurs inventions. La laryn-
» gotomie ou l'ouverture du larynx dans
» l'eſquinancie étoit pratiquée par eux
» avec ſuccès ; cette opération, ſûre & né-
» ceſſaire, eſt hors d'uſage à préſent parmi
» nous (*b*), ſoit par la timidité du malade
» & de leurs amis, ſoit par la répugnance

(*a*) Par ſon Diſciple *Marianus Sanctus Baroli-*
tanus.

(*b*) *Voyez Sect.* 191, *à la Note* [*b*].

„ & quelquefois l'ignorance des Médecins
„ ou des Chirurgiens. Et quoiqu'*Arétée, Paul
„ Eginete* & *Cælius Aurelianus* semblent,
„ sur l'autorité d'*Antyllus*, parler d'une ma-
„ niere équivoque du succès de cette opé-
„ ration, cependant la plus grande partie
„ des anciens Grecs & Arabes la conseil-
„ lent ; & Galien en particulier, appuyé
„ de la raison, de l'expérience & de l'au-
„ torité d'Asclépiade, la recommande avec
„ raison comme une dernière ressource en
„ cas d'esquinancie. La cure de l'*Hernia in-
„ testinalis*, avec la véritable distinction &
„ la manière de guérir les autres espèces
„ de cette maladie, sont exactement dé-
„ crites par les Anciens. Ce sont eux qui
„ nous ont enseigné la cure du Ptérygion
„ & de la cataracte ; ils ont traité des ma-
„ ladies des yeux aussi judicieusement
„ qu'aucun de nos Oculistes modernes,
„ qui, s'ils vouloient être de bonne foi,
„ conviendroient qu'ils ne font rien de
„ plus que répéter ce que ces grands maî-
„ tres ont enseigné là-dessus. L'ouverture

» de l'artère & de la veine jugulaire n'eſt
» pas plus de l'invention des Modernes
» que la ligature dans l'anevriſme (a), qui
» n'étoit certainement pas entendue même
» dernierement par Fréderick Ruysch, ce
» célèbre Anatomiſte Hollandois (b). L'ex-
» tirpation des amygdales ou de l'uvula
» n'eſt pas de l'invention des Modernes,
» quoiqu'il faille avouer que les cauteres
» efficaces dont nous nous ſervons pour ex-
» tirper les premières n'ont été ni prati-
» qués ni connus des Anciens. La manière
» de traiter la fiſtule lacrymale [cure ſi
» délicate & difficile] dont nous nous ſer-
» vons encore, eſt préciſément celle des
» Anciens, avec l'addition que *Fabricius*
» y a fait de la *Cannula* pour le cautère.
» Quant au cautère actuel, qui fait un ar-
» ticle aſſez conſidérable de la Chirurgie,

(a) Tumeur occaſionnée par la dilatation d'un
artère ou la rupture de ſes tuniques.

(b) Voyez ſes Obſervations *Anatomico-Chirur-
gic. Amſt.* 1691, *in-4. Obſerv.* 2.

» quoique *Coſtæus, Fienus* & *Severinus* aient
» écrit ſi amplement ſur ce ſujet , cepen-
» dant il eſt évident par un ſeul aphoriſme
» d'Hippocrate que ce grand Médecin
» connoiſſoit ſon uſage auſſi bien que ceux
» mêmes qui ſont venus après lui ; outre
» qu'il en eſt parlé fréquemment dans les
» écrits de tous les autres Anciens qui s'en
» ſervoient ſans doute avec le plus grand
» ſuccès dans pluſieurs cas où nous en né-
» gligeons l'uſage , ou bien ne le connoiſ-
» ſons pas aſſez. La cure des *Varices* par
» inciſion , à peine mentionnée de nos
» jours , paroît avoir été pratiquée fami-
» lièrement parmi les Anciens , comme il
» eſt manifeſte par les ouvrages de *Celſus* &
» de *Paul Eginete* , & quiconque eſt verſé
» dans la connoiſſance de ces ulcères vari-
» queux , conviendra que cette opération
» eſt abſolument néceſſaire pour en effec-
» tuer la cure. Le polype de l'oreille eſt une
» maladie ſi peu connue des Modernes ,
» qu'on n'en trouve même que fort rare-
» ment le nom dans leurs écrits ; & cepen-

» dant la defcription de cette cure n'a pas
» été omife par les Anciens. Ils étoient par-
» faitement inftruits dans la connoiffance
» de toutes les efpèces de fracture & de
» relaxation , & des moyens d'y remédier ,
» ainfi que de toutes les futures en ufage
» parmi nous , outre plufieurs que nous
» avons perdues , ou du moins qui nous
» font tranfmifes d'une manière fi obfcure,
» que de fçavans hommes ont cru ne pou-
» voir mieux employer leur temps qu'en
» faifant en forte de déterminer ce qu'elles
» pouvoient être , & d'en recouvrer l'u-
» fage. Et quoique quelques perfonnes
» aient avancé que les cautères leur étoient
» inconnus, on peut fe convaincre aifé-
» ment du contraire en examinant ce qu'en
» ont dit *Celfus* & *Cœlius Aurelianus* , en
» convenant cependant qu'ils ne paroiffent
» pas avoir fçu les placer & les continuer
» comme nous le faifons à préfent.............
» Et je ne dois pas omettre encore ce qui
» eft fi manifefte que je ne crois pas que
» perfonne veuille entreprendre de le nier;

» c'eſt que toutes les différentes ſortes d'am-
» putation de membres , de mammelles ,
» &c. étoient pratiquées parmi eux auſſi
» familièrement & avec autant de ſuccès
» qu'il eſt poſſible de prétendre qu'elles le
» ſoient parmi les Modernes. Quant à l'art
» des bandages , auſſi important que néceſ-
» ſaire , tout négligé qu'il eſt , dont les
» François font tant de cas , & qu'ils ſe
» piquent de poſſéder mieux que par-tout
» ailleurs , les Anciens le connoiſſoient ſi
» bien , & dans un tel degré de perfection ,
» que nous ne nous flattons pas même d'a-
» voir ajoûté beaucoup à l'excellent Traité
» que Galien a jugé à propos d'écrire ſur ce
» ſujet ; & quoique les Modernes recla-
» ment l'avantage ſur les Anciens à l'égard
» de la variété des inſtrumens , il eſt néan-
» moins évident , par tout ce que ces der-
» niers nous en ont tranſmis , qu'ils n'igno-
» roient point ceux qui étoient néceſſaires ,
» & n'en étoient nullement deſtitués ; &
» même il eſt très-probable , par tout ce
» que diſent Oribaſius & pluſieurs autres

» auteurs, qu'ils en avoient une grande
» variété. Quant aux topiques, il eſt cer-
» tain que nous leur ſommes redevables de
» nous avoir inſtruits de la nature & des
» propriétés de ceux dont nous nous fer-
» vons; & pour ce qui eſt des méthodes
» générales de guérir, pluſieurs ont été ſi
» éminemment traitées par les Anciens,
» entre autres celle qui traite des bleſſures
» à la tête, que ceux des Modernes qui en
» ont écrit le plus judicieuſement ont pen-
» ſé qu'ils ne pouvoient pas rendre un plus
» grand ſervice à la poſtérité qu'en com-
» mentant le livre admirable qu'Hippo-
» crate a écrit ſur ce ſujet.

Concluſion
d' Mémoire
de M. Ber.
nard par un
trait de Bar-
tholin.

195. » Enfin, il faudroit avoir plus de
» loiſir & de capacité que je n'en ai (con-
» clut M. Bernard) pour entrer dans le dé-
» tail de toutes les particularités, & démon-
» trer ce qui a été inventé, négligé, ou per-
» du dans tous les différens âges; ce que
» j'ai dit ici eſt ſuffiſant pour faire voir
» qu'il nous convient de parler des Anciens
» avec plus de reſpect & de déférence : non

» que nous devions nous laisser déterminer
» aveuglément par leur autorité, ou sup-
» poser qu'ils n'ont rien laissé à ajoûter aux
» siècles suivans ; mais nous devons imiter
» le célèbre Bartholin , qui entendoit si bien
» les avantages des Modernes, & étoit lui-
» même aussi zélé pour les progrès des con-
» noissances, aussi curieux de l'étude de la
» Nature, & aussi heureux dans ses recher-
» ches, qu'aucun de ceux qui s'imaginent
» que le moyen de montrer de l'esprit, &
» de se distinguer, est de tourner en ridi-
» cule les Anciens ou les mépriser. *C'est mal*
» *entendre ses intérêts*, disoit ce grand hom-
» me , *que de se plonger dans l'étude des Mo-*
» *dernes , jusques à négliger ou mépriser celle*
» *des Anciens, dont les écrits sont si nécef-*
» *saires pour répandre du jour sur la plûpart*
» *de nos connoissances (a)*. Et dans un autre

(*a*) Pessimè studiis suis consulunt qui ita recentiorum scriptis se immergunt ut veteres vel negli-
gant vel contemnant, quùm plerarumque rerum
lux ex illis pendeat..... ita semper recentiorum sen-

» endroit il dit : *j'ai toujours fait cas des*
» *opinions & des maximes des Modernes , en*
« *rendant cependant toujours la justice duë à*
» *l'Antiquité , à qui nous devons les premiers*
» *fondemens de notre art.*

---

tentiis & opinionibus calculum adjeci , ut sua an-
tiquitati reverentia servaretur, cui artis nostræ
fundamenta debemus. *Thomas Bartholin. Epist.*
Med. Cent. 3.

CHAPITRE V.

De la Génération par les Œufs, & des Animalcules.

196. Il y a deux fentimens principaux parmi les Modernes fur la manière dont fe fait la génération. Les uns croient que toutes les parties du fœtus fe trouvent en abrégé dans les œufs contenus dans les ovaires de la femme, qui communiquent avec la matrice par le moyen des trompes de Fallope ; & que la femence du mâle n'eft qu'une matière propre à détacher l'œuf, le féconder, & le rendre à fe porter par les trompes de Fallope dans la matrice, où fe développent enfuite les parties du germe qui font contenues dans cet œuf ; & c'eft le fentiment de Harvey, de Sténon, de Graaf, de Rédi & de plufieurs autres célèbres Médecins, qui foutiennent que tous les animaux font ovipares & produits d'un œuf, qui eft dans le règne animal ce que la femence eft dans le règne végétal.

Sentimens des Modernes fur la génération. Celui de Harvey ;

d'Hartsoë-
ker & de
Lewen-
hoek.

197. L'autre fentiment d'Hartsoëker ; & de Lewenhoek eft, que tous les animaux, & les hommes même, naiffent par des métamorphofes d'autres petits animaux d'une petiteffe extrême, contenus dans la femence du mâle, & ils ne regardent les œufs, qui fe trouvent dans l'ovaire de la femme, que comme autant de petits nids capables de recevoir ces animalcules, & contenant une nourriture propre à les maintenir & à contribuer au développement & à l'accroiffement de leurs parties, en leur communiquant la nourriture que leur fourniffent les vaiffeaux de la matrice.

Celui de
Harvey eft
renouvellé
d'Empédo-
cle, d'Hip-
pocrate,
d'Ariftote,
&c.

198. Le premier de ces fyftêmes a été, pendant un temps, affez généralement reçu, & paroiffoit appuyé fur les recherches les plus exactes ; ceux qui le foutiennent prétendent avoir découvert des œufs dans les ovaires de toutes les femelles fur lefquelles ils ont fait des obfervations, & en avoir trouvé fouvent plus de vingt dans chaque ovaire des femmes, de la groffeur environ d'un pois verd, ils tirent encore un au-

rre argument de l'analogie que la Nature obferve dans toutes fes opérations, & qui eft chez eux manifefte, fur-tout dans la production des plantes & des animaux ; or fi ce fyftême doit mériter de la gloire à fon inventeur, il eft jufte de la donner à celui à qui elle appartient à plus jufte titre ; & celui à qui elle paroît premierement duë eft fans doute Empédocle, cité par Plutarque & Galien ; & après lui Hérodote, Hippocrate, Ariftote & Macrobe.

199. Plutarque, rapportant les différentes opinions des philofophes fur la manière dont fe fait la génération des animaux, & la production des plantes, dit qu'Empédocle croyoit que leur commencement avoit été d'abord informe & imparfait ; qu'enfuite ils avoient acquis une forme plus régulière qui indiquoit déjà leur figure & leur efpèce ; & il conclut par dire que les animaux ne fe produifoient point de corps homogènes, comme de la terre & de l'eau ; mais qu'ils fe reproduifoient les uns les autres par le mélange des deux fexes (a), &,

Prouvé par
Plutarque &
Galien ;

(a) Ἐμπεδοκλῆς τὰς πρώτας γενέσεις τῶν ζώων, καὶ

comme les plantes , avoient le principe de leur origine dans leur femence particulière, ou leurs œufs ; ce qu'Ariftote a voulu indiquer être la doctrine d'Empédocle , lorfqu'il lui fait dire, que de tout ce qui naît, rien ne naît fans avoir une femence particulière (a) ; & il appelle auffi les fe-

---

φυτῶν μηδαμῶς ὁλοκλήρους γενέσθαι, ἀσυμφύσι δὲ τοῖς μορίοις διεζευγμένας· τὰς δὲ δευτέρας, συμφυομένων τῶν μερῶν εἰδωλοφανεῖς· τὰς δὲ τρίτας, τῶν ἀλληλοφυῶν· τὰς δὲ τέτταρας, οὐκ ἔτι ἐκ τῶν ὁμοίων, οἷον ἐκ γῆς, καὶ ὕδατος, ἀλλὰ δι᾽ ἀλλήλων ἤδη.

Empedocles primos animalium, & plantarum ortus nequaquàm perfectos fuiffe dicit, inconditis nempe partibus illa coaluiffe ; fecundos autem ortus coalescentibus jam partibus animalium, plantarumque imagines, ac fpecies oftendiffe ; tertios verò ex partibus invicem ex fefe nafcentibus prodiiffe ; quartos autem ortus, *non jam ex fimilibus, ac homogeneis , ut ex terrâ, & aquâ, fed ex animalibus inter fefe formatos effe. Plutar. de Placit. L. 5. cap. 19.*

(a) Τὸ γεννώμενον ὃ γεννᾶται, εἰ μὴ ἐκ τῆς φύσεως τοῦ σπέρματος ; id quod nafcitur, non nifi ex naturâ feminis nafcitur. *Ariftot. Lib. 1. de Plantis , Tom. 2. p.* 1011. *D. Galenus de femine, Lib. 2. cap. 3. & Hift. Philofoph. Le Clerc. H. Med.*

mences des plantes, leurs œufs, qui tombent, dans leur maturité.

200. Hérodote, qui vivoit à-peu-près dans le temps d'Empédocle, rapportant qu'une terre voisine du Nil avoit produit une quantité considérable de poissons, en donne, suivant les principes d'Empédocle, une cause bien naturelle, & judicieuse : il me paroit, dit-il, que la cause, qui a produit tous ces poissons, vient de ce que, dans le temps du débordement du Nil, les poissons ayant laissé dans la fange de ses bords une quantité prodigieuse d'œufs, ces œufs sont venus ensuite à éclore après que le Nil s'est retiré (*a*), & ont produit cette quantité de poissons.

& par Hérodote.

____

(*a*) Qui Empedoclis ætatem, doctrinamque proximè attigerat, cùm ingentem pisciculorum copiam ex terrâ Nilo proximâ prodire memorasset, præclarè, sapienterque dicit : Undè autem verisimile sit eos gigni, hoc mihi videor cauffæ intelligere, quòd superiore anno, postquam Nilus abscessit, pisces, qui ova in cœno pepererant, unà cum postremis abeunt aquis ; circumacto rursùs anno, ubi aqua restagnavit, protinùs ex his ovis gignuntur pisces. *Herodotus, Lib.* 2.

201. Hippocrate, parlant de la formation de l'enfant, décrit un fœtus de fix
jours; il le compare *à un œuf crud, dont on
auroit ôté la coqu...e* (a), *& dans lequel il y
avoit une liqu ur f rt tranfparente, laquelle
étoit ronde & rougeâtre*. Dans un autre endroit, il fait voir comment » il fe paffe la
» même chofe dans la génération de l'en-

(a) Αὕτη ἡ ἄλλη γονὴ στρογγύλη ἐστὶν ἐν ὑμένι· καὶ
μέχρι ἓξ ἡμέρας μείνασαν ἐν τῇ γαστρὶ γονὴν, καὶ ἔξω
πίτνουσαν, αὐτὸς εἶδον, καὶ ὅκοιη μοι ἐφαίνετο ἐν τῇ γνώμῃ
τότε, ἀπ' ἐκείνων τὰ λοιπὰ τεκμήρια ποιεῦμαι.....
ὁκοίη δὲ ἦν, ἐγὼ ἐρέω· οἷον εἴ τις ᾠοῦ ὠμοῦ τὸ ἔξω
λέπυριον περιέλοιεν, ἐν τῷ ἔνδον ὑμένι τὸ ἔνδον ὑγρὸν δια-
φαίνοιτο. Τρόπος μέν τις ἦν τοιοῦτος, ἅλις εἰπεῖν, ἦν ἡ
καὶ ἐρυθρὸν καὶ στρογγύλον.

Ipfa autem reliqua genitura rotunda eft in pelliculâ. Atqui genituram, quæ fex diebus in utero
manfit, & foràs prolapfa eft, ipfe vidi, & qualis
tùm meo animo obfervabatur, ex illis ipfis reli-
quorum conjecturam facio...... Qualis autem
erat, ego referam; velut fi quis ovo crudo exter-
nam teftam circùm circà adimat, in internâ verò
pelliculâ inclufus liquor pellucefcat. Modus quidem talis erat, & ut abundè dicam, ruber erat
liquor, & rotundus. *Hippocrates, tom.* 1. *p.* 135.
136. *de naturâ* **Pueri**, *Text.* 4.

» fant que dans la production des plantes :
» il dit que la Nature eſt toujours la mê-
» me (*a*) ; qu'elle agit d'une manière uni-
» forme par rapport à la génération des
» hommes, à celle des plantes, & à tout ce
» qui prend naiſſance » : en quoi il paroît
avoir ſuivi le ſentiment d'Empedocle, &
tous deux avoir été copiés par Harvey.

202. Ariſtote décrit encore avec plus de
précifion l'œuf qui contient le fœtus. » Il
» dit que tous les animaux engendrent
» & conçoivent premièrement une eſpèce
» d'œuf, qu'il fait conſiſter dans une li-
» queur enveloppée d'une membrane ou
» pellicule mince, ſemblable à une coquille

Deſcription
du fœtus
dans l'œuf
par Ariſtote.

(*a*) Omnia verò natatilia, tùm pedeſtria, tùm etiam volatilia, ſive animalis, ſive ovi formâ proveniunt, ſimili modo gignuntur. *Harvæus de Hiſt. anim. L. 7. cap. 7.*

Ἑυρήσει τὴν φύσιν πᾶσαν παραπλησίην ἰοῦσαν, τῶν τε ἰκ γῆς φυομένων, καὶ τῶν ἰξ ἀνθρώπων. Inveniet naturam omnem conſimilem eſſe, & ex terrâ naſcentium, & Hominum ...... & inveniet omnia ſç habere juſta meum ſermonem, quomodò volucris naturam ad humanam conferre oportet. *Hippocrates, de naturâ Pueri, Text.* 35. 36.

» d'œuf (*a*), & qu'il appelle, dans un au-
» tre endroit, du terme propre d'œuf ;
» d'une partie duquel il dit que le fœtus se
» produit, qui eſt le jaune de l'œuf, pen-
» dant que l'autre partie, ou le blanc de
» l'œuf, lui ſert de nourriture (*b*) ».

(*a*) Τὰ δ'ἐν αὐτοῖς ζωοτοκοῦντα, τρόπον τινὰ μετὰ τὸ σύςημα τὸ ἐξ ἀρχῆς, ἀειδὲς γίνεται. περιέχεται γὰρ τὸ ὑγρὸν ὑμένι λεπτῷ, καθάπερ ἂν εἴ τις ἀφέλοι τὸ τ̃ ὠᾶ ὄςρακον. Quæ verò intra ſe pariunt animal, iis quodammodò poſt primum conceptum oviforme quiddam efficitur. Humor enim in membranâ tenui continetur, perindè quaſi ovi teſtam detraxeris. *Ariſtot. de Generat. Animal. L.* 3. *cap.* 9. P. 1107. C.

(*b*) Καλεῖται δ' ὠὸν μὶν, τῶν κυημάτων τῶν τελείαν, ἐξ ὗ γίνεται τὸ γινόμενον ζῶον, ἐκ μορίν τὴν ἀρχὴν· τὸ δ' ἄλλο, τροφὴ τῷ γινόμένῳ ἰςί. Ovum id ex fœtibus perfectis vocamus, cujus ex parte principio animal conſiſtit : reliquum verò alimento ei, quod gignitur, eſt. *Ariſtot. de Hiſt. Animal. L.* 1. *cap.* 5. *p.* 766.

Semen inſinuatum in utero membranâ obducitur, quippè quod, antequàm diſcernatur, exeat velut ovum, in ſuâ membranulâ contectum detracto putamine : ἶον ὠὸν ἐν ὑμένι περιεχόμενον. *Ariſt. L.* 7. *cap.* 7. *de Hiſtoriâ Animalium, Tom.* 1. *p.* 894. B.
203.

203. Enfin, on ne peut pas s'énoncer plus Opinion de Macrobe. clairement fur cette matière que Macrobe, lequel dit pofitivement, que dans tous les genres d'animaux qui s'accouplent, *l'œuf eſt le premier principe de leur génération;* & dans un autre endroit, que l'œuf eſt le ré-fultat de la femence (*a*).

204. Le fyſtême des animalcules ou des Vers fpermatiques connus des Anciens. vers fpermatiques a empêché que celui de la génération par le moyen des œufs n'em-portât les fuffrages unanimes de tous les phyficiens : M. de Plantade, fecrétaire de l'Académie de Montpellier (*b*), fut le pre-

---

(*a*) In omni genere animantium quæ ex coitione nafcuntur, invenies ovum aliquorum effe princi-pium inftar elementi. *Macrobii Saturnal L.* 7. *cap.* 16. *Paulò poſt :* Ovum verò digeſtio eſt feminis.

(*b*) Nempe ignotus ille *Dalenpatius*, de quo, eo faltem nomine, nemo quidquam audivit, ipfus eſt *Francifcus Plantade*, Monfpeffulanus, Vir doctus, qui fuit *Advocatus Generalis in occitanâ Computorum & Fifci Curiâ*, & qui egregium lo-cum jam pridem obtinet in focietate regiâ fcien-tiarum Monfpeffulanâ. Peregrinabatur ille in Ba-taviâ anno 1699 ; & cùm juvenis effet, jocari lu-

mier parmi les Modernes qui renouvella la conjecture des Anciens là-dessus ; & l'appuya de la découverte, qu'il prétendit avoir faite de petits animalcules dans la semence de l'homme, & qu'il avoua ensuite n'avoir supposé que pour s'amuser ; mais Lewenhoek, Hartsoëker, Valisnieri, Andry, & Bourguet, confirmèrent cette conjecture par les observations les plus exactes, & partagèrent les sentimens des physiciens entre leur opinion des animaux spermatiques, qui deviennent des hommes, & celle de Harvey que la génération se fait par les œufs : nous avons déjà vu que cette dernière opinion avoit pu prendre

---

buit, quod tamen factum non probo. Scripsit ergò latinè, & eleganter quidem, Dissertatiunculam de spermaticis animalculis, quam inserendam curavit in Diario, quod tunc inscribebatur *Nouvelles de la République des Lettres, Articulo V. mensis Maii anni* 1699. Narrabat in illâ, seu fingebat potiùs, dùm ipse oculis optimo microscopio armatis intentus erat dispiciendis animalculis numerosis, agillimis, subtilissimis, gyriniformibus, quæ semini humano innatabant. *Astruc de Lue Vener. Lib.* 8. *p.* 443.

sa source dans Hippocrate, Aristote &c. ;
& nous trouvons aussi l'origine des vers
spermatiques dans la semence de l'homme,
assez clairement enseignée par Platon, Hippocrate, Aristote, & quelques autres anciens philosophes, qui ont dit là-dessus tout
ce que l'on pouvoit en dire sans les avoir
vus. Et on ne peut assez louer à ce sujet la
pénétration extrême de ces grands génies,
lesquels, guidés par leur raison seule,
avoient atteint, si long-temps avant nous,
le but, où les expériences les plus exactes,
& les recherches les plus laborieuses nous
ont enfin portés à nous arrêter. L'Astronomie nous a déjà fourni plusieurs preuves
de cette vérité; on y a vu Pythagore, &
Démocrite suppléer, par leur sagacité, au
défaut du télescope; & on voit ici Démocrite, Hippocrate & Platon porter un œil
pénétrant dans les replis les plus cachés de
la Nature, & enlever aux Modernes, par des
conjectures solides & raisonnées, la gloire
de ces découvertes mêmes qu'ils croyoient
devoir appartenir à l'invention des instru-
ments, dont les Anciens étoient privés.

F ij

Sentiment de Démocrite & d'Hippocrate.

205. Démocrite eſt le premier philoſophe Grec qui ait parlé de certains vers qui parvenoient à ſe revêtir de la forme humaine ; mais aucun auteur ne nous a tranſmis le détail de l'opinion de ce philoſophe ; Epicure , Diodore de Sicile , Euripide ſemblent l'avoir indiquée ; & après eux Euſebe & Lactance (*a*) l'ont rapportée pour la réfuter. Epicure croyoit que la génération des animaux ſe faiſoit par une transformation continuelle des uns dans les autres (*b*). Anaxagore avoit dit la même choſe , auſſi bien qu'Euripide , cité par Plutarque , Galien , Euſebe , & Philon (*c*); mais Démocrite s'expli-

---

(*a*) Erravit ergò Democritus , qui vermiculorum modo putavit Homines effuſos eſſe de terrâ , nullo auctore , nullâque ratione. *Lactantius , Inſtitut. Divin. Lib.* 7. *c.* 7. *p.* 537. *Edit. Pariſ.* 1748. 2 *vol.* 4. *Euſebius, L.* 1. *de Præparat. Evang. c.* 7. *p.* 20.

(*b*) *Plutarchus, de Placitis Philoſophorum ,Lib.* 5. *c.* 19.

(*c*) *Plutarch. loc. cit. Galenus, Hiſt. Philoſ.*

quant plus précisément, enseignoit que
*les hommes avoient commencé par naître sous
la forme de petits vers (a)*, qu'il entendoit probablement être contenus dans la
liqueur séminale du mâle ; & il est naturel
de conjecturer qu'il tenoit cette idée d'Hippocrate, qui insinue aussi que les *semences
des animaux sont remplies d'animalcules,
dont toutes les parties se développent & crois-*

---

cap. 35. *de ortu animalium. Euseb. loc. cit. Philo.
de Mundo*, *p.* 1161. *Edit. Lips.*

(a) Δύο τρόπων γίνεσθαι τὸ ἕτερον· ἢ γὰρ ὡς σκώ-
ληκος συνισταμένου τὸ πρῶτον, ἢ ἐξ ᾠῶν. *Aristot. Tom.*
I. *de generatione Animalium*, *L.* 3. *c.* 11. *p.* 1113.
A. Quamobrem de primâ Hominum, atque qua-
drupedum generatione, si quandò primùm ter-
rigenæ oriebantur, ut aliqui dicunt, non temerè
existimaveris altero de duobus his modo oriri ; aut
enim ex verme constituto primùm, aut ex ovo.
Lactantius, loco citato. » Il y a deux passages
» de l'Ecriture qui paroissent indiquer la prééxis-
» tence des Germes fondée sur le système des ani-
» malcules : l'un est dans l'Epitre de St. Paul aux
» Hébreux, chap. 7. v. 9. l'Apôtre y dit : *Levi De-*
» *cimatum fuisse in lumbis Abrahæ, &* dans le
» 1er Chap. de l'Exode v. 5. *De lumbis Jacob*
» *exierunt septuaginta animæ.*

F üj

fent en même temps (a) ; comme on le verra un peu plus bas.

Commerce de Démocrite & d'Hippocrate.

206. Cet illuſtre Médecin eut ſans doute des conférences ſur ce ſujet avec Démocrite, lequel il trouva occupé à faire des diſſections d'animaux, lorſqu'il fut appellé à le viſiter ; & il s'entretint long-temps avec lui ſur des matières tout-à-fait philoſophiques (b).

Paſſage d'Ariſtote là-deſſus.

207. Ariſtote ſemble auſſi vouloir parler de Démocrite, lorſque traitant de la premiere formation de l'homme, il dit que quelques-uns ont penſé que *les premiers hommes avoient commencé* à ſortir de la terre

____

(a) Διακρίνεται ἢ τὰ μάλιςα ἅμα πάντα, κỳ αὔξεται καὶ ὅτι πρότερον ὐδὲν ἕτερον ἑτέρȣ, ὐδ᾽ ὕςερον· τὰ ἢ μείζω φύσι, πρότερα φαίνεται τ̄ ἰλασσόνων, ὐδὲν πρότερα γινόμινα. Diſcriminantur autem partes, & augeſeunt ſimul omnes, & neque priùs alteræ alteris, neque poſteriùs. Verùm majores naturâ priores apparent minoribus, quùm non priores exiſtant. *Hippocrates, Lib. 1. de Diætâ, ſect.* 19. 1 & 2 *p.* 196. *Edit. Van-der-Linden, Tom.* 1. & *ſect.* 18. *ad* finem.

(b) *Hippocrates Epiſt. ad Damagetum p.* 914. *Ed. Van-der-Linden, Lug. Bat.* 2 *vol. in-8. an.* 1665.

fous la forme de petits vers (a); & dans un autre endroit, il cite Démocrite comme ayant cru que *dans la génération de l'homme les parties extérieures du fœtus étoient premièrement formées*; de forte qu'il lui accordoit déjà la figure humaine, & le regardoit pour ainfi dire dans cet état comme un *homuncule* (b).

208. Mais examinons les raifons qui nous portent à attribuer à Hippocrate une découverte que nous reculons fi loin. Fondé fur ce principe univerfellement reçu dans l'Antiquité que *rien ne fe fait de rien*, ce grand Médecin avance que rien ne périt dans la Nature (c), *& qu'il ne fe produit rien*

(a) Talem autem generationem effe ex ovo, aut verme fatemur. *Ariftot. loco citato, & eâdem paginâ* 1113. C. André Cefalpin, célebre Péripatéticien explique amplement cette idée d'Ariftote fur la génération, & penche pour celle qui fe fait par les vers fpermatiques, dans fes *Quæft. Peripat. L.* 5. *Quæft.* 1. *in-4.* 1593. *p.* 106.

(b) Qui ita, ut Democritus, aiunt, exteriora primùm animalis difcerni. *Ariftotel. de Gener. animal. L.* 1. *c.* 4. *p.* 1082. *B.*

(c) Equidem nullum omninò corpus perit, ne

de nouveau ; il foutient qu'*il ne naît rien qui n'exiftât auparavant ;* que ce que nous appellons naiffance n'eft qu'*un accroiffement qui fait paffer des ténèbres à la lumière* (en les rendant vifibles) *ces petits animalcules, auparavant imperceptibles ;* il dit, un peu plus loin (*a*), qu'il n'eft pas poffible que ce qui

---

que fit , quod non priùs erat. οὐδὲ γίνεται, ὅ, τι μὴ καὶ πρόσθεν ἦν. Homines autem putant hoc quidem ex (invifibilitate) *orco in lucem auctum generari.* Νομίζεται δὲ παρὰ τῶν ἀνθρώπων, τὶ μὲν ἐξ ᾄδε ἰς φῶς αὐξηθὲν γενίσθαι. Illud verò *ex luce in orcum* imminutum perire, ac corrumpi : ociuis eâ in re autem magis credendum, aiunt, quàm opinionibus, & argumentis Philofophorum. *Hippocrates de Diætâ , Lib. I. Sect. 5. p. 183.*

(*a*) Neque animal mori poffibile eft, neque quod non eft, generari, cùm non fit undè generetur. Sect. 6. Commeant (animalcula) & translocantur illa hùc , & hæc illùc omni tempore .... quæ faciunt non norunt, fed tamen ab illis fiunt omnia neceffitate divinâ .... dùm verò illa hùc, & hæc illùc commeant fibique invicem permifcentur, decretam fibi fortem unumquodque implet, tum augefcendo in majus, tum in minus relabendo. *Idem. Ibidem. Vid. & Sect. 8. art. 15.* Neceffe eft autem omnia quæ ingrediuntur partes habere ; cujuscumque enim pars non erit à priu-

n'eſt pas puiſſe naître ; n'y ayant rien qui puiſſe contribuer à la génération de ce qui n'eſt point ; *mais il ſoutient que toutes cho-ſes croiſſent autant qu'il eſt poſſible , depuis le plus bas juſqu'au plus haut degré :* il appli-que enſuite ces principes à la génération de l'homme. Il dit (*a*) : que *le plus grand*

---

cipio, augeri non poterit ; *non enim habet quod augeſcere faciat. Id verò quod omnia habet, au-geſcit , unumquodque in ſuo loco.*

(a) Ἀλλ' αὔξεται πάντα , καὶ μειᾶται ἰς τὸ μήκιστον, καὶ ἰς τὸ ἐλάχιστον τῶν γι δυνατῶν. Sed augentur omnia, ac minuuntur ad ſummum , & ad minimum. *Idem ibid.* αὐξάνεται κ̀ τὸ μέζον ἀπὸ τȣ ἐλάσσοτος· & augeſ-cit majus à minore *p.* 185 , *Sect.* 7. Διακρίνεται ἢ τὰ μέλεα ἅμα πάντα , καὶ αὔξεται· κ̀ ὅτι πρότερον ȣδὶν ἕτερον ἑτέρȣ , κθ' ὕστερον· τὰ ἢ μέζω φύσει , πρότερα φαίνε-ται τῶν ἐλασσόνων , ȣδὶν πρότερα γινόμεμα. Diſcriminan-tur autem partes , & augeſcunt ſimul omnes , & neque priùs alteræ alteris, neque poſteriùs ; verùm majores naturâ priores apparent minoribus, quùm non priores exiſtant. *Sect.* 19. 1 & 2 , *pag.* 196. *&* *Sect* 18 *ad finem.*

» Le ſçavant J. Matth. Geſner, publia en 1737, » à Gottingue une Diſſertation ſur le ſyſtême des » ames d'Hippocrate qui ſe trouve auſſi dans les » Mémoires de Gottingue, *Tom.* 1. *ann.* 1751.

croît par le plus petit ; que *toutes les parties se développent & croissent en même temps, qu'il n'y en a pas une qui devance les autres, & qui croisse plutôt ni plus tard , mais que celles qui sont plus grandes de leur nature paroissent avant les plus petites, quoiqu'elles ne soient pas engendrées auparavant :* enfin on trouve dans tout le commencement de ce livre d'Hippocrate un raisonnement aussi juste que solide dont la conséquence toute naturelle est que, dès l'origine du Monde , toutes les semences & tous les premiers linéamens des plantes, & des animaux à venir ont existé ; & que l'on ne peut

---

» Voici comme il interprète une partie de la Sect. » 7 du Liv. 1 *de Diætâ* «. Uniuscujusque anima minora páriter & majora sua membra habens , oberrat in illo ἄδη non additione aut ablatione indigens partium integrarum , opus autem habens præsentibus, h. e. *iis quas jam habet* quatenùs crescant & minuantur. *Locus autem efficit omnia* in quem ingressa fuerit talis anima : » & dans la Note » il dit » : hoc agit auctor, ut ostendat fortunas horum erronum in eo agi , ut locum nanciscantur ac nidum , qui accipiat eos , & augescendi facultatem concedat.

les appercevoir à caufe de leur extrême pe‑
titeffe. D'où il conclut, comme nous ve‑
nons de l'obferver, que *la naiffance des
animaux n'eft qu'un accroiffement qui les fait
paffer des ténèbres à la lumière*........ On
prie le lecteur d'examiner les Notes de
cette Section.

209. On pourroit objecter que nous avons
déjà rapporté les fentimens d'Hippocrate &
d'Ariftote, qui paroiffoient favorifer le fyf‑
tême de la génération par le moyen des
œufs; & qu'à préfent nous femblons leur
attribuer une opinion contraire; mais on
doit remarquer que les fentimens de ces
deux philofophes femblent avoir été décidés
pour le premier de ces deux fyftêmes; qu'A‑
riftote ne fait que rapporter les opinions
différentes pour s'attacher enfuite à établir
la fienne; & qu'Hippocrate fe contente d'in‑
finuer la conjecture des animalcules dans
la femence du mâle, fans prétendre vou‑
loir l'établir : d'ailleurs il auroit pû admet‑
tre les vers fpermatiques fans fe contredire,
en le faifant dans le fens qu'ont fait quel‑
ques Modernes, afin de concilier les deux

fyftêmes , & en regardant les œufs comme un nid propre à recevoir le ver fpermati- que (*a*) , & contenant la matière nécef- faire pour fournir à fon accroiffement : le ver fpermatique feroit alors le vrai fœ- tus ; la fubftance de l'œuf le nourriroit , & les membranes de cet œuf lui ferviroient d'enveloppe.

Paffage affez remarquable de Platon , appuyé de S. Auguftin.

210. Platon a encore plus clairement parlé de ces petits animaux qui devien- nent des hommes ; car après avoir com- paré *la matrice à un champ fertile* , dans lequel la femence qui y eft répandue pro- duit des fruits ; il dit : que *les animalcules qui y reçoivent leur accroiffement, font pre- mièrement d'une fi extrême petiteffe qu'ils ne*

(*a*) » Gefner a prouvé que le mot ψυχὴ fi fou- » vént répété dans le premier Livre de la Diète » d'Hippocrate , & qui fignifie ordinairement *ani-* » *ma*, eft fouvent auffi pris chez les Anciens pour *Infectum , animalculum , papilio , &c. Vid. Arift. tom.* 1 , *p.* 850. *lin.* 22 & 32. *Scholiaftes Nicandri Theriac. p.* 50 , *A. Edit. Colon.* 1530 , *in-*4. ou ψυχὴ fignifie *Animalculum. Plutarch. Sympof.* 2, 3. *p.* 636, *C. lin.* 28.

*peuvent être apperçus par les yeux, mais que
peu-à-peu ils viennent à se développer en prenant la nourriture qui leur est préparée pour
cet effet au-dedans de la matrice, & paroissent
enfin au jour dans un état de génération parfaite* (a). S. Augustin paroît aussi avoir eu
la même idée (b); & le passage rapporté

(a) Μέχρι σ᾽ ἂν ἑκατέρων ἡ ἐπιθυμία, καὶ ὁ ἔρως
ἐξαγαγόντες ἴδιον ἀπὸ δένδρου καρπὸν, κᾆτα ἰδρέψαντες
ὡς εἰς ἄρουραν τὴν μήτραν, ἀόρατα ὑπὸ σμικρότητ◌ καὶ
ἀδιάπλαστα ζῷα κατασπείραντες, καὶ πάλιν διακρίναντες,
μεγάλα ἐντὸς ἐκθρέψωνται· καὶ μετὰ ταῦτα εἰς φῶς ἀγα-
γόντες, ζῴων ἀποτελέσωσι γένεσιν.

Quousque utrorumque cupido, amorque quasi
ex arboribus fœtum, fructumve producunt : ipsum
deindé *decerpunt, & in matricem velut agrum in-
spargunt. Hinc animalia primùm talia, ut ne, propter parvitatem, videantur, necdùm appareant for-
mata, concipiunt :* mox quæ conflaverant expli-
cant, ingenita intùs enutriunt, demùm educunt in
lucem, animaliumque generationem perficiunt.
Platonis Tim. to. 3, p. 91.

(b) Hunc perfectionis modum sic habent omnes
ut cum illo concipiantur atque nascantur ; sed habent in ratione, non in mole : sicut *ipsa jam membra
omnia sunt latenter in semine ;* cùm etiam natis
nonnulla desint, sicut dentes, ac si quid ejusmodi.

ci - deſſous ſert beaucoup à éclaircir celui de Platon. Mais on ne peut diſconvenir que Sénèque n'ait eu une idée très-diſtincte de ce ſyſtême de la génération de l'homme par les animalcules ; lorſqu'on le voit enſeigner que » la forme de l'homme » à naître ſe trouve déjà compriſe dans la » ſemence, & que tous les membres du » corps ſont comme concentrés & affaiſſés » dans un petit eſpace caché (*a*) «. Ce que Tertullien exprimoit encore en peu de mots, en diſant que la ſemence étoit animée dès le commencement (*b*).

In quâ ratione uniuscujuſque materiæ inditâ, corporali, jam quodam modo, ut ita dicam, *liciatum* eſſe videtur, quod nondùm eſt ; imò quod latet : ſed acceſſu temporis erit, vel potiùs apparebit. *S. Auguſt. de Civit. Dei, Lib.* 22, *c.* 14.

(*a*) In ſemine omnis futuri hominis ratio comprehenſa eſt, & legem barbæ & canorum, nondùm natus infans habet : totius enim corporis & ſequentis ætatis, in parvo occultoque lineamenta ſunt. *Seneca, Lib.* 3. *Natur. Quæſt. c.* 29.

(*b*) *Tertullianus, de animâ,* vivum eſſe à primordio ſemen.

211. Il est une autre découverte sur la réproduction des polypes que l'on ne fait aucune difficulté de regarder comme due aux Modernes, malgré deux ou trois passages d'Aristo... & de S. Augustin, qui en parlent aussi clairement qu'aucun des Modernes; & même d'après leur propre expérience. Le S. Pere rapporte, dans son livre de la *Quantité de l'ame* (a), qu'un de

Réproduction des polypes connue d'Aristote & de S. Augustin.

(a) Cum enim nuper in agro essemus Liguriæ, nostri illi Adolescentes, qui tunc mecum erant studiorum suorum gratiâ, animadverterunt humi jacentes in opaco loco, reptantem bestiolam multipedem, longum dico quemdam vermiculum : vulgò notus est, hoc tamen quod dicam nunquam in eo expertus eram. Verso namque stylo, quem fortè habebat unus illorum, animal medium percussit : tunc ambæ partes corporis ab illo vulnere in contraria discesserunt, tantâ pedum celeritate, ac nihilò imbecilliore nisu, quàm si duo hujuscemodi animantia forent. Quo miraculo exterriti, causæque curiosi, ad nos, ubi simul ego, & Alypius confidebamus, alacriter viventia frusta illa detulerunt. Neque nos parùm commoti, ea currere in tabulâ, quaquaverfùm poterant, cernebamus : atque unum ipforum stylo tactum, contorquebat se ad doloris locum, nihil sentiente alio, ac suos

ſes amis fit devant lui l'expérience de prendre un polype, qu'il coupa en deux, &
qu'auſſi-tôt ces deux parties, ainſi ſépa-
rées , marcherent , & fuirent vîtement
l'une d'un coté & l'autre de l'autre ; & ce
grand homme ajoûte même là-deſſus, que
cette expérience le ravit tellement d'admiration qu'il fut quelque temps ſans ſçavoir
que penſer de la nature de l'ame. Ariſtote
parlant des inſectes longs & à pluſieurs
pieds, en dit à peu-près la même choſe (a);
& ſans déſigner le nom de certains animaux

alibi motus peragente. Quid plura ? Tentavimus
quatenùs id valeret, atque vermiculum , imò jam
vermiculos in multas partes concidimus : ita omnes
movebantur, ut niſi à nobis illud factum eſſet, &
comparerent vulnera recentia, totidem illos ſe pa-
ratim natos, ac ſibi quemque vixiſſe crederemus.
S. *Auguſt. de Quantitate anima*, c. 62. *pag.* 431,
col. 1.

(a) Ὅσα ϳ μακρὰ, ϗ πολύποδα, χεδὸν ἴσα ῖαῖς ἐντο-
μαῖς ἔχει τὰ μεταξύ. πάντα δ᾽ ἔχει διαιρούμενα ζωὴν τὰ
ἔντομα. Quæ tamen ſunt longa , & multipeda , iis
ferè totidem ſunt quæ interjacent, quot inciſuræ.
Infecta divulſa etiam vivere poſſunt. *Ariſtot. de
Hiſtor. Animal. Tom.* 1 , *Lib.* 4 , *c.* 7 , *p.* 824.

dont

dont il parle, il dit: qu'*il en est de ces animaux, ou insectes, ainsi que des plantes &
des arbres qui poussent par rejettons;* &, de
parties d'arbres qu'ils étoient, deviennent
des arbres particuliers: de même, dit Aristote, en coupant un de ces animaux, les
pièces qui auparavant ne faisoient ensem-
ble qu'un animal, deviennent ensuite autant
d'animaux séparés (*a*); & il ajoûte que

___

(*a*) Τᾶτο γδ ἐν τῇ οὐσίᾳ αὐτῶν ὑπάρχει τὸ πολλὰς ἔχειν ἀρχὰς. καὶ ταύτῃ μὲν ἔοικε τοῖς φυτοῖς. ὥσπερ γδ τὰ φυτὰ, καὶ ταῦτα διαιρούμενα δύναται ζῆν. πλὴν ταῦτα μὲν μέχρι τινός, ἐκεῖνα ἢ καὶ τέλεια γίνεται τὴν φύσιν, καὶ δύο ἐξ ἑνός, καὶ πλείω τὸν ἀριθμόν. Quod in eorum essentiâ inest, ut multa principia habeant : eâque ratione sanè plantis assimilantur. Ut enim plantæ, ipsa quoque præcisa vivere possunt; sed hæc aliquandiù, illæ vel perfici possunt, ac duæ ex unâ, atque etiam plures numero procreantur. *Idem de Part. Animal. Lib.* 4, *tom.* 1, *cap.* 6, *p.* 1028. Vid. *& Lib.* 1 *de animâ, c.* 9, *p.* 629.

Ὥσπερ γὰρ ἐπὶ τῶν φυτῶν ἔνια διαιρούμενα φαίνεται ζῷα, καὶ χωριζόμενα ἀπ' ἀλλήλων, ὡς οὔσης τῆς ἐν αὐτοῖς ψυχῆς, ἐντελεχείᾳ μὲν μιᾶς ἐν ἑκάστῳ φυτῷ, δυνάμει ἢ πλειόνων. οὕτω καὶ περὶ τὰς ἄλλας διαφορὰς τῆς ψυχῆς ὁρῶμεν συμβαῖνον ἐπὶ τῶν ἐντόμων ἐν τοῖς τεμνομένοις. καὶ γδ αἴσθησιν ἑκατέρου τῶν μερῶν ἔχει, κỳ κίνησιν

l'ame de ces inſectes n'eſt qu'une, en effet; mais qu'elle eſt multipliée en puiſſance, comme celle des plantes.

τὴν κατὰ τόπον· Εἰ δ᾽ αἴσθησιν, καὶ φαντασίαν, κ᾽ ὄρηξιν. ὅπου μὲν γὰρ αἴσθησις, λύπη τε, καὶ ἡδονὴ παρακολου-θεῖ. ὅπου δ᾽ ταῦτα, ἐξ ἀνάγκης κ᾽ ἐπιθυμία. Nam ut plantæ nonnullæ divifæ, ſejunctæque videntur vivere proptereà quòd *anima, quæ eſt in iſtis, actu quidem in unâquâque plantâ una eſt, potentiâ verò plures,* ſic & circa alias videmus animæ differentias fieri, cùm inciduntur animantium ea, quæ inſecta vocamus, utraque namque partium & ſenſum habet, & motu loco cietur. Quod ſi ſenſum habet & imaginationem, & appetitum etiam habet. *Idem Lib.* 2 *de animâ, cap.* 2, *tom.* 1, *p.* 632. *B. C.*

Eodem quo plantæ modo conſtant (ſc. ea inſecta) etenim plantæ præſectæ ſeorſim vivunt, multæque arbores ab uno fiunt principio……. in hoc plantæ & inſectorum genus ſimiliter ſeſe habent. *Vide & Lib. um de Juventute, cap.* 1 & 2, *p.* 715. *D. E. Via. & Ariſtot. Lib. de Spiritu, cap.* 9 *à principio.*

CHAPITRE VI.

Du syftéme fexuel des Plantes.

212. **P**ERSONNE ne doute à préfent que les plantes ne fe reproduifent comme les animaux, par le moyen de parties, dont les unes font mâles, & les autres femelles; que dans le plus grand nombre des plantes, ces deux fortes de parties fe trouvent réunies enfemble, & elles font diftinguées alors chez les Naturaliftes par le nom d'*androgynes* ou *hermaphrodites*; & qu'en d'autres plantes, les deux fexes font féparés, de manière que les mâles font fur un pied & les femelles fur un autre. Ce fyftème eft fondé, 1°. fur l'analogie qu'il y a entre les œufs des animaux, & la femence des plantes, dont la fin eft également de reproduire un être femblable à celui qui les a produits; 2°. fur les remarques que l'on a faites, que lorfque la femence des plantes femelles n'étoit pas fécondée par la pouffiere prolifique des mâles, la plante ne

Expofition du fyftème fexuel des Plantes;

portoit point de fruit; de façon que toutes les fois que l'on a fait l'expérience d'intercepter, entre les deux parties sexuelles des plantes, cette communication qui est le principe de leur fécondation, elles ont toujours été stériles. Les Auteurs de ce système, après une anatomie exacte de toutes les parties des plantes, leur ont donné des noms fondés sur leur usage, & analogues à ceux des parties des animaux: ainsi pour les organes masculins *les filets* sont les *vases spermatiques*; *les antheres*, ou les sommets, sont les *testicules*; & dans les organes féminins, le *stylus* répond au *col de la matrice*; le *germen* est *l'ovaire*; & le *pericarpium* ou *l'ovaire fécondé*, est la *matrice*.

perfectionné par Linnæus; 213. Linnæus a l'honneur d'avoir perfectionné ce système en réduisant tous les arbres & toutes les plantes à des classes particulières, distinguées par le nombre de leurs étamines ou organes mâles. Zaluzianski paroît avoir le premier distingué clairement, parmi les Modernes, la différence entre les plantes mâles, plantes femelles, & plantes androgynes, ou hermaphrodites. Environ cent ans après lui, le Chevalier Millington, & le Docteur Grew, communiquèrent à la societé Royale de Londres leurs obfervations fur la poufîière fécondante des étamines. Camerarius (a), à la fin du dernier fiècle, obferva qu'en enlevant les étamines de quelques plantes mâles, comme du Mûrier ou du Maïs, les graines qui auroient dû produire le fruit, ne venoient point à maturité. Malpighi, Geoffroi, Vaillant ont auffi examiné avec foin cette poufîière fécondante, & celui-ci paroît avoir été le premier témoin oculaire de ce fecret de la Nature, & du jeu admirable qui fe paffe dans les fleurs des plantes entre les organes différens de ces deux fexes. Plufieurs Auteurs fe font enfuite attachés à faire valoir ce fyftême, parmi lefquels les principaux font Samuel-Morland, Logan, van-Royen, Bradley, Got-

____

(a) Vid. Camerarii Epiftol. de fexu plantarum in Mifcellan. Academiæ Leopoldinæ Naturæ curioforum, decur. 3, anno 3, append., p. 33, impreff. an. 1696, in-4.

tliel, Ludwigius, Blair, Wolfius, Ver-
drées & Monroo.

214. Venons à préfent à examiner fi
les Anciens ont connu cette vérité; ou
fi, comme on les en accufe, ils n'en ont
parlé que d'une manière vague & indé-
cife. Je commence par convenir qu'ils
n'ont pas parlé auffi exactement que
les Modernes de l'anatomie de toutes
les parties de la fleur des plantes, qui
fervent à leur génération; du moins il ne
nous eft parvenu rien d'eux là-deffus. Ils
fe font même trompés quelquefois, en
appliquant à différens ufages quelques-
unes de ces parties; mais en cela, ils
étoient plus excufables que quelques-uns
de nos plus habiles Modernes, qui, malgré le fentiment, les expériences & les
obfervations de plufieurs de leurs con-
temporains, font tombés dans de grandes erreurs fur ce fujet. Le plus habile
Botanifte du fiècle, Monfieur de Tour-
nefort, qui ne pouvoit pas ignorer les
obfervations de Zaluzianski, de Millington, Grew, Malpighi, & Camerarius,

soutenoit cependant que les étamines des fleurs servoient à vuider ce que les sucs nourriciers contiennent, de moins propre pour la nourriture des jeunes fruits, & que ces parties n'étoient que les vaisseaux excrétoires des calices des fleurs.

215. Cet aveu fait, j'ose avancer, qu'à l'exception de la circonstance que je viens de remarquer, les Anciens connoissoient parfaitement la différence sexuelle des plantes, & la fécondation des fruits de la plante femelle par la poussière des fleurs des mâles ; on voit aussi qu'ils avoient une idée distincte des deux sexes sur deux différens individus.

216. Je ne veux point me servir de l'autorité d'un passage du poëte Claudien, qui, dans un enthousiasme poëtique sur la force de l'amour, s'énonce en ces termes (a) : » les tendres rameaux ne vivent

____

(a) Vivunt in Venerem frondes, omnesque vicissim.
    Felix arbor amat, nutant ad mutua palmæ
    Fœdera, populeo suspirat populus ictu,
    Et platani platanis, alnoque assibilat alnus.
      Claudian. de Nuptiis Honorii, & Mariæ.

» que pour Vénus ; & les arbres fortunés
» paſſent leur temps à s'aimer tour-à-tour ;
» le palmier careſſant aſpire à des em-
» braſſemens mutuels avec le Palmier ; &
» l'Aune , le Platane & le Peuplier ne
» ceſſent de s'exprimer leur tendreſſe
» par des gémiſſemens mêlés de ſoupirs ».
Je laiſſe , dis-je , ce ſtyle de la poëſie pour
paſſer aux témoignages des Naturaliſtes ,
chez qui on trouve le ſyſtème ſexuel enſeigné d'une manière qui n'eſt point équivoque.

Sentiment de Théophraſte. 217. Théophraſte dit que tous les arbres pouvoient être diſtingués en claſſes ſépa-rées, dans leſquelles on obſerve pluſieurs différences ; mais que le caractériſtique le plus univerſel eſt celui du genre mâle & femelle (*a*). Et Ariſtote diſoit qu'on ne

***

(*a*) Πάντων ἢ, ὥσπερ ἐλέχθη, τῶν δένδρων, ὡς κατ' ἕκαστον γένος λαβεῖν, διαφοραὶ πλείους εἰσιν· ἡ μὲν κοινὴ πᾶσιν, ᾗ διαιρῦσι τὸ θῆλυ κ̀ τὸ ἄρρεν. *Arborum uni-verſarum* , ut dictum eſt , quoad genera ſigillatim accipi poſſint , *plures ſané differentia intelliguntur; publica* tamen , *quâ fœmina , maſque diſtinguuntur. Theophraſtus Hiſt. Plant. Lib.* 3 , *cap.* 9 , *pag.* 50. *Edit. Lugd. Bat.* 1693.

devoit pas imaginer que le mélange des deux ſexes dans les plantes fût le même que parmi les animaux (*a*).

Si les plantes ont les deux ſexes ſéparés ou ſur un même individu.

218. Il y avoit, il ſemble, pluſieurs opinions différentes parmi les Anciens ſur la maniere dont on devoit admettre que les plantes euſſent la différence des ſexes. Les uns penſoient qu'elles étoient comme des animaux complets, *qui comprennent dans un ſeul individu les deux facultés des différens ſexes* (*b*). Empédocle agitoit la queſtion; ſçavoir, *ſi dans les plantes, le genre mâle ſe trouvoit diſtinct du genre fe-*

(*a*) Οὐκ οὕτως, ἀλλὰ ἄλλῳ τινὶ τρόπῳ οἷον ὅτι τὸ σπέρμα τοῦ φυτοῦ ὅμοιόν ἐστιν ἐγκυμονήσει ζώου, ἥτις ἐστὶ μίξις ἄρρενός τε καὶ θήλεος. *Caterùm maſculi, in Plantis, ſexûs, & fœmelli miſtionem, alio quodam modo, imaginari debemus. Ariſtotel. de Plantis, Lib.* 1, *cap.* 2, *tom.* 2, *pag.* 1011. *C. D.*

(*b*) Εἰσὶ δὲ οἱ τινες τὰ φυτὰ πεπληρωμένα ἀπολαμβάνουσι, καὶ τὴν χάριν τῆς ζωῆς αὐτῶν εἶναι διὰ τὰς δύο δυνάμεις ἃς ἔχει, ἤγουν.

Sunt autem qui putent, plantas completas eſſe, & integras, vitamque ipſarum, duarum facultatum gratiâ eſſe, quæ inſunt ipſis. *Ariſtot. de Plantis, Lib.* 1, *cap.* 2, *pag.* 1011. *E. tom.* 2.

melle ; ou si les deux genres se trouvoient compris dans chaque espèce (*a*) ; & il concluoit *que les plantes étoient androgynes* ou *hermaphrodites* ; c'est-à-dire , qu'*elles avoient le mélange des deux sexes* (*b*). Aristote, de son côté, balançoit, s'il devoit admettre avec cet ancien philosophe que les deux sexes se trouvassent réunis dans la même plante, ou s'il falloit dire qu'ils étoient séparés.

Erreurs d'Aristote là-dessus.

219. Il est vrai que le même auteur

(*a*) Ὅπερ εἶπεν ὁ Ἐμπεδοκλῆς, ἤγουν εἰ εὑρίσκεται ἐν τοῖς φυτοῖς γένος θῆλυ, καὶ γένος ἄρρεν, κὴ εἰ ἐστιν εἶδος κεκραμένον ἐκ τούτων τῶν δύο ζῴων. Id Empedocles dixit, an scilicet in plantis sexus fœmininus, masculinusque reperiantur , aut an species ex hisce duobus sexibus commista. *Ariftot. de Plantis Lib.*1, *c.* 2. *p.* 1011. *A. tom.* 2.

(*b*) Γένος ἐν τούτοις κεκραμένον εἶναι. *Empedocles verò sexum his admistum esse putavit. Ariftot. de Plantis, Lib.* 1, *cap.* 1 & 2, *p.* 1008. *B.*

Πάλιν ὀφείλομεν ζητεῖν, πότερον εὑρίσκονται ταῦτα τὰ δύο γένη κεκραμένα ἅμα ἐν τοῖς φυτοῖς, ὡς εἶπεν Ἐμπεδοκλῆς. Quærendum rursùs est , invenianturne hæc duo genera simul commista in plantis esse, ut Empedocles dicit. *Idem, ibid.* 1011. *B. tom.* 2.

erroit dans la manière de diftinguer les plantes mâles d'avec les plantes femelles ; car il croyoit que cette différence confiftoit en ce que le mâle étoit plus grand, & plus fort, & la femelle plus foible, mais plus féconde (*a*) ; & il difoit auffi que le mâle avoir plus de branches, étoit plus fec, & mûriffoit plus vîte que la femelle (*b*) : mais il faut obferver que le témoignage d'Ariftote n'eft pas celui fur lequel on prétend s'appuyer davan-

(*a*) Ἐπεὶ γὰρ εὑρίσκεται ἐν τοῖς φυτοῖς, ὅτι ἔχει τὰ φυτὰ γένος ἄρρεν, κỳ θῆλυ, κỳ πάντως τὸ μỳ ἄρρεν ἐπὶ τραχύτερον, καὶ σκληρότερον, καὶ μᾶλλον φρίσσον, τὸ δὲ θῆλυ ἀσθενέστερον, καὶ καρποφόρον πλέον. Cùm itaque in Plantis reperiatur, quòd unaquæque fpecies mafculum genus habeat, & fœmellum, & omninò, quod mafculum eft, afperius eft, ac durius, rigidiufque ; fœmellum debilius, & fœcundius. *Ariftot. de Plantis, Lib.* 1, *cap.* 1, *pag.* 1011. *A.*

(*b*) Ὅτι τὸ μỳ ἄρρεν ἐστι πυκνότερον, σκληρότερον, καὶ πολυκλονώτερον, ἧττον ὑγρὸν, κỳ ταχύτερον εἰς πέπανσιν ὅ φύλλα· τὸ δὲ θῆλυ, ἐπ' ἔλαττον ἔχει ταῦτα. Nam mafculus fpiffior eft, ac durior, plurimis ramis abundans, minùs humectus, celerior in maturarionem ; fœmella verò omnia hæc minùs habet. *Arift. de Plantis, Lib.* 1, *c.* 7. *p.* 1018. *A. tom.* 2.

tage pour faire voir que les Anciens connoiſſoient le ſyſtême ſexuel des plantes ; on ne le trouve que confuſément indiqué dans ſes écrits ; & il ſert plus ici à expoſer les ſentimens des autres philoſophes qu'à fournir lui-même des raiſons pour établir ce ſyſtême.

Opinion judicieuſe d'Empédocle.

220. Empédocle croyoit que tout ce qui naît tire ſon origine d'une ſemence, qu'il comparoit aux œufs, en ce qu'il s'y trouve, dès le commencement, un aliment propre à nourrir, lequel ſe porte auſſi-tôt à la racine (*a*) ; & Ariſtote, raiſonnant ſur ce ſentiment d'Empédocle, dit que *dans les plantes, les deux ſexes ſont*

(*a*) Εἶπε πάλιν Ἐμπεδοκλῆς, ὅτι τὰ φυτά, εἰ καὶ οὐ γεννῶσι· διότι τὸ γεννώμενον οὐ γεννᾶται, εἰ μὴ ἐκ τῆς φύσεως τοῦ σπέρματος· καὶ σπέρμά ἐστιν ἐξ αὐτοῦ ἐν τῇ ἀρχῇ. Τροφὴ γίνεται τῆς ῥίζης, καὶ τὸ γεννώμενον κινεῖ αὐτὸ ἑαυτὸ παραυτίκα. Rurſùs ait Empedocles, quòd plantæ, licet pullos non generent ; quia *res, quæ naſcitur, non niſi ex naturá ſeminis naſcitur ;* & quod fit, quod remanet ex eo in principio, cibus radicis, & naſcens movet ſe ſtatim. *Ariſtot. de Plantis, Lib.* 1, *c.* 2, *p.* 1011. *D. tom.* 2.

réunis; ce qui fait qu'elles se reproduisent d'elles-mêmes ; & au lieu de fœtus, donnent une semence, en laquelle consiste leur génération : c'est pourquoi Empédocle appelloit avec raison les plantes *ovipares*; car » l'œuf, disoit-il, est le fruit de la » génération, dont une partie sert à for- » mer la plante, & l'autre à nourrir le » germe & la racine; & dans les ani- » maux de sexes différens, on voit que, » pour se reproduire, la Nature les porte » à s'unir, & à ne faire qu'un, comme » les plantes, afin que de l'assemblage » des deux il résulte un autre animal « (*a*).

(*a*) Ἐν δὲ τοῖς φυτοῖς μεμιγμέναι αὗται αἱ δυνάμεις εἰσὶ, καὶ ἐ πεχώρισαι τὸ θῆλυ Τῦ ἄῤῥενος. διὸ καὶ γεννᾶ αὐτὰ ἐξ αὐτῶν, καὶ ἐ προίεται γονὴν, ἀλλὰ κύημα τὰ καλούμενα σπέρματα καὶ τῦτο καλῶς λέγει Ἐμπεδοκλῆς ποιήσας·

Οὕτω δ᾽ ᾠοτοκεῖ μικρὰ δένδρεα πρῶτον ἐλαίας.

Τὸ, τε γὰρ ᾠὸν, κύημά ἐςι, καὶ ἔκ Τινος αὐτῦ γίγνεται τὸ ζῷον. (τὸ δὲ λοιπὸν, Τροφὴ Τῦ σπέρματις, καὶ ἐκ μέροις γίγνεται τὸ φυόμενον.) Τὸ δὲ λοιπὸν, Τροφὴ γίγνεται τῷ βλαςῷ, καὶ τῇ ῥίζῃ τῇ πρώτῃ· τρόπον δὲ τινα Ταῦτα συμβάι- νει καὶ ἐν τοῖς κεχωρισμίνον ἔχουσι ζώοις τὸ θῆλυ, καὶ τὸ ἄῤῥεν· ὅτεν γὰρ ἐν γίνηται, καὶ γλωνῷ, γίνεται ἀχώρισον, ὥσπερ ἐν τοῖς φυτοῖς. καὶ βύλεται ἡ φύσις αὐτῶν ἐν γίνεσθαι,

Obferva-
tions & Ex-
périences
des Anciens.

221. Quant à la manière dont fe faifoit la fécondation des fruits, les Anciens n'ignoroient pas que c'étoit par le
moyen de la pouſſière prolifique, qui
fe trouvoit fur la fleur du mâle ; & ils
avoient porté l'exactitude de leurs obfervations jufqu'à remarquer *que les fruits
des arbres ne mûriſſoient point, s'ils n'étoient
auparavant fécondés par cette pouſſière*.....

ὅπερ ἐμφαίνεται κατὰ τὴν ὄψιν μιγνυμένων, καὶ συνδυαζο-
μένων, ἐν τι ζῶον γίγνεσθαι ἐξ ἀμφοῖν.

*At in plantis facultates iſta miſcentur, nec mas
à feminâ feparatur. Quamobrem ex fe ipfa progene-
rant*, nec genituram emittunt, fed conceptum,
quod femen vocatur, afferunt. Idque Empedocles
bené retulit fuo carmine ;

Deindè etiam oviparo genus arborem tulit ortu.

Ovum enim, conceptus eft, & animal ex parte
ejus creatur : reliquum alimentum eft animalis
*feminis, etiam aliquâ ex parte confiftit, quod ori-
tur: reliquum alimentum germini, radicique prima eft*.
Hoc idem quodam modo in iis quoque evenit animalibus, quæ fexu diftinguuntur. *Cùm enim uniun-
tur, & generant, infeparata redduntur, ut plantæ :*
idque naturâ eorum nititur, ut unum fiat ; quod,
cum coëunt, & conjunguntur, confpicitur unum

Ariſtote dit là-deſſus (*a*), „ que ſi l'on ſe-
„ couoit la pouſſière d'un rameau de pal-
„ mier mâle ſur un palmier femelle, les
„ fruits de celui-ci mûriſſoient auſſi-tôt;
„ & qu'il arrivoit encore que, lorſque le
„ vent portoit cette pouſſière du palmier
„ mâle ſur le palmier femelle, les fruits
„ de ce dernier mûriſſoient, comme ſi
„ on eût ſuſpendu le rameau du mâle
„ ſur la femelle „.

---

effici animal ex ambobus. *Ariſtot. de generat. Ani-*
malium. Lib. 1 *cap.* 23. *p.* 1069. *tom.* 1.

(*a*) Ἐν δὲ τοῖς φοίνιξιν ἂν φύλλα, ἢ ψῆνες ἢ φλοιὸς τῦ
ἄρρενος φοίνικος τοῖς φύλλοις τῦ θήλεος συντεθείη, ἵνα
πως συναφθῶσι, ταχέως πεπαίνονται οἱ καρποί..... τυχὸν
δὲ κỳ εἰ ἐκ τῆς εὐωδίας τῦ ἄρρενος ἐπαγάγῃ τι ὁ ἄνεμος πρὸς
τὸν θῆλυν, πεπαίνονται κỳ ὕτως οἱ καρποὶ, ὥσπερ ὁπόταν
τὰ φύλλα τῦ ἄρρενος τῷ θήλει ἀπαιωρῶνται. In palmis
quoque *ſi* folia, vel *foliorum pulvis*, *vel palmæ*
maſculinæ cortex foliis fœmellæ palmæ apponantur,
ut cohæreant, citò matureſcent ejus fructus.......
Quòd *ſi fortè ex maſculo abduxerit qu`· `piam ventus*
ad fœmellam, ſic quoque *matureſcent ipſius fruẟus*,
quemadmodùm cùm folia maſculi ex illâ fuerint
ſuſpenſa. *Ariſtot. de Plantis. Lib.* 1. *cap.* 6. *pag.*
1017. *A. B. tom.* 2.

222. Théophraste, parlant sur le même sujet, dit : » on accouple le palmier mâ- » le avec la femelle afin de lui faire pro- » duire des fruits, & pour cet effet on » s'y prend ainsi : lorsque le palmier mâle » est en fleur, on choisit un rameau qui » n'ait pas encore perdu ce duvet, ou » cette poussière qui est dans la fleur, » & on le secoue sur le fruit de la fe- » melle ; cette opération lui conserve ses » fruits, & les amène à une parfaite ma- » turité « (a).

____

(a) Τοῖς δὲ φοίνιξιν αἱ ἀπὸ τῶν ἀρρένων πρὸς τὰς θηλείας. οὗτοι γάρ εἰσιν οἱ ἐπιμένειν ποιοῦντες, κὴ ἐκπέττειν. ὃ καλοῦσί τινες, ἐκ τῆς ὁμοιότητος, ὀλυνθιάζειν. γίνεται δὲ τόνδε τρόπον· ὅταν ἀνθῇ τὸ ἄρρεν, ἀποτέμνοντες τὴν σπάθην ἀφ' ἧς τὸ ἄνθος, εὐθὺς ὥσπερ ἔχει, τόν τε χνοῦν κὴ τὸ ἄνθος κὴ τὸν κονιορτὸν, κατασείουσι κατὰ τοῦ καρποῦ τῆς θηλείας, κἂν τοῦτο πάθῃ, διατηρεῖ κὴ οὐκ ἀποβάλλει· φαίνεται δὲ ἀμφοῖν ἀπὸ τοῦ ἄρρενος τοῖς θηλέσι βοήθειαν γίνεσθαι· θῆλυ γὰρ καλοῦσι τὸ καρποφόρον. Palmis autem fœminis masculi conducunt. Hoc enim & perdurare, & maturescere fructus facit. Caprificationem, ob similitudinem, quidam rem appellarunt, quæ sic fieri solet : dùm mascula floret, spathâ abscissâ, quâ flores emergunt, protinùs, ut lanuginem, & florem, & pulverem continet, super fructum fœminæ

223.

223. " Les Naturalistes, dit Pline, ad-
" mettent les différences des sexes non
" seulement dans les arbres, mais encore
" dans les herbes, & dans toutes les plan-
" tes; mais ceci ne s'observe nulle part,
" ajoûte-t-il, d'une manière aussi remar-
" quable que dans les palmiers, *parmi*
" *lesquels les femelles ne produisent jamais*
" *sans les mâles qui les fécondent par leur*
" *poussière* » : il appelle les palm iers femelles, privées de secours, *des veuves stériles* ;
il compare l'accouplement des plantes
à celui des animaux, & dit (a) qu'*il suffit*

Observa-
tions de
Pline.

---

decutiunt. *Illa sic eâ aspersione afficitur , ut suos*
fructus nullo pacto amittat , sed cunctos conservet.
Undè fit , ut bifario adjumento mas esse fæminæ
valeat. Fructiferam enim fæminam vocant. *Theo-*
phrastus. Hist. Plant. Lib. 1. cap. 9. p. 38. Edit.
Heinsiand. Lug. Bat. 1613. fol. Vide & eumdem de
causis Plantarum.

(a) *Arboribus*, imò potiùs omnibus quæ terra
gignit , herbisque etiam , *utrumque sexum esse*
diligentissimi naturæ tradunt. Quod in plenum satis
sit dixisse hoc in loco. Nullis tamen arboribus ma-
nifestius. Mas in palmite floret : fæmina citra florem germinat tantùm spinæ modo....... Non sine

que les plantes femelles reçoivent l'aspersion de la poussière ou du duvet des fleurs du mâle, pour donner des fruits.

---

maribus gignere feminas....... *Illum erectis hispi-*
dum, afflatu, visuque ipso, & pulvere etiam reli-
quas maritare. Hujus arbore excisâ viduas post ste-
rilescere feminas. Adeoque est veneris intellectus.
ut coitus etiam excogitatus sit ab homine, *ex ma-*
ribus flore, ac lanugine, interim vero tantùm pul-
vere insperso faminis.

CHAPITRE VII.

*De l'Isochronisme des vibrations du Pendule,
de la Réfraction de la lumiere, & de la
Réfraction Astronomique.*

114. LEs Arabes se sont appliqués avec
beaucoup d'assiduité à l'étude des sciences, & la situation de leur climat les a
portés toujours par préférence à l'étude
de l'astronomie, qu'ils ont cultivée de
très-bonne heure (*a*). Nous avons une
quantité considérable de leurs écrits dans
les grandes bibliothèques, qui ne sont
jamais parvenus à notre connoissance,
parce qu'ils sont toujours restés en manuscrits, & dans leur langue originale,
si fort négligée parmi nous depuis quel-

Mérite des
Arabes dans
l'Astrono-
mie.

____

(*a*) » Nous avons plusieurs obligations aux Arabes dans les sciences; mais ce que nous leur devons de plus considérable est l'art de compter par
dix chiffres, & en montant par la proportion
décuple, qu'on attribue aussi avec quelque fondement aux Indiens.

ques siècles. Cependant ceux qui se sont
donné la peine de fouiller avec soin
dans ces manuscris, ont été bien récom-
pensés de leurs travaux par les connoissances qu'ils y ont puisées de plusieurs
idées neuves & originales, & d'inventions curieuses & utiles. Un sçavant d'Ox-
ford, qui avoit examiné avec soin les
manuscrits Arabes qui se trouvent à la
fameuse bibliothèque de cette université,
rend témoignage à cette vérité d'une maniere bien propre à inviter tous les autres sçavans à suivre son exemple dans
cette espèce de recherches ; entre autres
motifs qu'il apporte , comme devant
produire cet effet , il dit : » plusieurs
» avantages rendent recommandable l'as-
» tronomie des Orientaux, comme la sé-
» rénité des régions où ils ont observé ;
» la grandeur & l'exactitude des instru-
» mens qu'ils ont employés ; & qui sont
» tels, que les Modernes auroient de la
» peine à le croire ; la multitude des
» observations & des écrivains, dix foi
» plus grande que chez les Grecs & le

» Latins ; le nombre enfin des princes
» puiſſans qui l'ont aidée par leur protec-
» tion & leur magnificence. Une lettre ne
» ſuffit pas, dit-il, pour faire connoître
» ce que les Aſtronomes Arabes ont trouvé
» à redire dans *Ptolomée*, & leurs tenta-
» tives pour le corriger ; quel ſoin ils
» ont pris pour meſurer le temps par
» des clepſydres , par d'immenſes hor-
» loges ſolaires, & même, ce qui ſur-
» prendra, *par les vibrations du Pendule*;
» avec quelle induſtrie enfin , & avec
» quelle exactitude ils ſe ſont portés dans
» ces tentatives délicates, & qui font tant
» d'honneur à l'eſprit humain, ſçavoir,
» de meſurer les diſtances des aſtres, &
» la grandeur de la terre ».

225. Voici donc *les vibrations du Pen-* *Vibrations*
dule demontrées avoir été employées par *du Pendule.*
les anciens Arabes , long-temps avant l'é-
poque que nous aſſignons ordinairement à
l'origine de cette découverte ; & l'uſage
de cette connoiſſance paroît avoir été
appliqué à meſurer plus exactement le
temps, ſelon l'emploi que nous en faiſons.

H iij

226. La découverte de la réfraction de la lumière a une origine plus ancienne que celle que l'on lui suppose, & la cause de cette réfraction paroît avoir été connue même du temps de Ptolomée. Suivant le rapport de Roger Bacon, ce grand philosophe & géographe avoit donné la même explication de ce phénomène que Descartes en a donnée depuis, en disant que le *rayon passant d'un milieu plus rare dans un milieu plus dense, s'approchoit de la perpendiculaire.* Ptolomée avoit écrit un traité d'Optique, qui subsistoit encore du temps de Bacon ; & Alhazen, non seulement paroît avoir connu ce traité de Ptolomée, mais encore y avoir puisé tout ce qu'il dit de mieux sur la réfraction de la lumière, la réfraction astronomique, & la cause de la grandeur extraordinaire des astres vus à l'horison. Ce dernier point, discuté avec tant de chaleur entre Mallebranche & Régis, avoit été déjà décidé par Ptolomée, de la manière la plus raisonnable.

227. Ptolomée, & après lui Alhazen, disoient donc, »que quand un rayon de

» lumière paſſoit d'un milieu plus rare pour
» entrer dans un milieu plus denſe , en ar-
» rivant vers la ſurface du milieu plus den-
» ſe , il changeoit de direction & commen-
» çoit à décrire une ligne', dont la direc-
» tion étoit entre ſa première direction
» droite , & la ligne perpendiculaire , tom-
» bante dans le milieu plus denſe «. Bacon
dit encore, d'après Ptolomée , que » l'an-
» gle formé par la différence de ces deux
» lignes n'eſt pas toujours diviſé en deux
» parties égales ; parce que , ſuivant la
» plus ou moins grande denſité des diffé-
» rens milieux , le rayon de lumière eſt
» plus ou moins réfracté , & forcé à s'é-
» carter davantage de ſa première direc-
» tion « (a); en quoi il s'étoit approché

(a) *Et fractio eſt duobus modis. Quandò igitur medium ſecundum eſt denſius, tunc fractio ſpe-
ciei eſt in ſuperficie corporis ſecundi inter inceſſum rectum , & perpendicularem ducendam à loco
fractionis in corpus ſecundum , & declinat ab in-
ceſſu recto in profundum corporis ſecundi, divi-
dens angulum qui eſt inter inceſſum rectum , &
perpendicularem ducendam à loco fractionis in
corpus ſecundum. Non tamen dividit illum angu-*

bien près de la raifon donnée enfuite par le chevalier Newton , qui déduifant les caufes de la réfraction , de l'attraction des corps fur les rayons de la lumière , dit : que les milieux plus denfes font plus at-tractifs , à proportion de leur plus ou moins grande denfité.

Réfraction Aftronomi-que connue de Ptolomée. 228. Ptolomée ayant connu ce principe de la réfraction de la lumière , ne devoit pas manquer d'en conclure qu'elle étoit la caufe des phénomènes que nous obfervons, par rapport aux aftres vus à l'horifon , quel-que temps avant qu'ils y foient arrivés ; & Ptolomée en effet connoiffoit la caufe de ce phénomène , que l'on appelle réfraction aftronomique ; & partant toujours du mê-

---

lum femper in duas partes æquales, licet hoc fen-ferunt aliqui , quoniam fecundùm diverfitatem denfitatis medii fecundi accidit major receffus, & minor fractionis ab inceffu recto, *fecundùm quòd Ptolomæus in* 5 *afpectuum, & Alhazen in* 7 *determinant quantitates angulorum fractionis* multipli-citer diverfificari. Nam quantò corpus fecundum eft denfius , tantò minùs recedit fractio ab inceffu recto, propter refiftentiam medii denfioris. *Roger. Bacon , opus majus , pag.* 297 , 298. *Edit. Venet.* 1750.

me principe, il en donnoit pour caufe, la différence des milieux entre l'air, & l'éther qui eft au-delà ; laquelle faifoit que les rayons de la lumière qui partent d'un aftre, entrant dans le milieu plus denfe, qui eft l'air qui nous environne (a), devoient naturellement être attirés davantage dans ce milieu, & par ce changement de leur direction, montrer ces aftres à nos yeux avant qu'ils fuffent réellement au-deffus de l'horizon. Alhazen enfeigne même la manière dont on peut s'affurer de cette vérité par l'obfervation : » il recom- » mande de prendre un inftrument com- » pofé avec des armilles qui tournent au- » tour des poles ; & après avoir mefuré la » diftance d'une étoile au pole, lorfqu'elle » paffe près du zénith fous le méridien, &

______

(a) *Sextus Empiricus adversùs Aftrologos , Lib.* 5 , *Sect.* 82 , *p.* 351 parle ainfi de cette réfraction aftronomique : » Eft enim verifimile quòd, cùm aër » nofter fit craffus, per vifus reflexionem fignum » quod eft adhuc fub terrâ, videatur jam effe fupra » terram. Quod quidem fit etiam in radio folis, qui » reflectitur in aquâ. Non videntes enim folem, » ipfum fæpè effe folem opinamur ».

» lorfqu'elle paroît à l'horifon „ il dit qu'on
» doit trouver dans ce dernier cas la di-
» ftance plus petite « : il fait voir enfuite
d'une maniere fort diffufe que la réfraction
eft la caufe de ce phénomène. Je rapporte
ce paffage, un peu long, à la vérité, après
avoir remarqué qu'il paroît par Roger
Bacon qu'Alhazen n'a rien dit ici que d'a-
près Ptolomée, & que ni l'un ni l'autre
n'avoient point appliqué cette importante
connoiffance à l'aftronomie, en faifant voir
de-là que les hauteurs des aftres, prifes
fur-tout dans le voifinage de l'horifon, de-
mandent néceffairement une correction (a).

____

(a) Et cùm quis hoc voluerit experiri , *accipiat
inftrumentum de armillis , & ponat illud in loco
eminente , in quo poterit apparere horizon orienta-
lis , & ponat inftrumentum armillarum fuo modo
proprio : fcilicet ut ponat armillam, quæ eft in loco
circuli meridionalis , in fuperficie circuli meridiei,
& polus ejus fit exaltatus à terrâ fecundùm altitudi-
nem poli Mundi fupra horizontem loci in quo po-
nitur inftrumentum : & in noûe obfervet aliquam
ftellarum fixarum magnarum , quæ tranfit per verti-
cem capitis illius loci , aut propè ; & obfervet illam
ab ortu fuo in Oriente : ftellâ autem ortâ , revolvat*

229. Roger Bacon cherchant la cause de la différente grandeur des astres vus à

Cause de la différente grandeur des Astres vus à l'horison, expliquée par Ptolomée.

armillam, quæ revolvitur in circuitu poli æqui- noctialis, donec fiat æquidistans stellæ, & certifi- cetur locus stellæ ex armillâ, & sic habebit longi- tudinem stellæ à polo mundi. Deindè observet stel- lam, quousque pervenerit ad circulum meridiei; & resolvat armillam, quam prius moverat, donec fiat æqui distans stellæ : & sic habebit longitudi- nem stellæ à polo mundi, cùm stella fuerit in ver- tice capitis. Hoc autem facto, inveniet remotio- nem stellæ à polo mundi in ascensione, minorem remotione ejus à polo mundi in horâ existentiæ ejus in vertice capitis. *Ex quo patet, quòd visus comprehendit stellas refractè, non rectè :* stella enim fixa semper movetur per eundem circulum de cir- culis æquidistantibus æquatori, & nunquam exit ab ipso, ita ut appareat, nisi in longissimo tem- pore. Et si stella comprehenderetur rectè, tùm li- neæ radiales extenderentur à visu rectâ ad stellas, & extenderentur formæ stellarum per lineas radia- les rectè, quousque pervenirent ad visum. Et si forma extenderetur à stellâ rectè ad visum, tunc visus comprehenderet eam in suo loco : & sic inve- niret distantiam stellæ fixæ à polo mundi in eâdem nocte eandem : sed distantia stellæ mutatur eâdem nocte à polo mundi : ergò visus non rectè com- prehendit stellam. In cœlo autem non est corpus

l'horifon, d'avec celle qu'ils paroiffent avoir lorfqu'ils font au-deffus de notre tête, fuppofe premièrement que cette caufe pourroit être en ce que les rayons, qui partent de ces aftres, paffant d'un milieu rare qui eft l'éther, dans un milieu plus denfe ou l'air qui nous environne, font rompus par ce paffage dans un différent milieu, ainfi que par l'interpofition des nuées ou des vapeurs qui s'élèvent de la terre, & que cette réfraction répétée produit un écartement des rayons, qui doit fervir à repréfenter l'objet plus grand à nos yeux, quoique, dit-il enfuite, il y ait une autre caufe plus raifonnable, apportée pour rendre raifon de ce phénomène, qui eft celle que Ptolomée & Alhazen ont en-

---

denfum terfum, nec in aere, à quo poffint formæ reflecti. Et cùm vifus non comprehendat ftellam rectè, nec fecundùm reflexionem, *ergò fecundùm refractionem ;* cùm his folis tribus modis comprehendantur res à vifu ; *ex diverfitate ergò diftantiâ ejufdem ftellæ in eâdem nocte à polo mundi, patet procul dubio, quòd vifus comprehendat ftellas refractè.* Alhazen. *L.* 7, *c.* 4. *n°.* 15. *p.* 251. **Edit.** 1572. *de opticis.*

feignée (*a*) ; & il ajoûte que ces Auteurs penfoient que la raifon pour laquelle les aftres font apperçus plus grands à leur le-ver & leur coucher, que vus au-deffus de notre tête, vient de ce que n'y ayant point d'objet intermédiaire entre nous & une étoile vue au ciel au-deffus de notre tête,

---

(*a*) Secundùm autem Ptolomæum , & Alhazen oportet fcire, quòd non fit fractio in fuperficie aëris , qui propriè dicitur aër, fecundùm quòd dif-tinguimus aërem ab igne , five æthere, cùm non in-veniatur aliqua diverfitas afpectûs noftri caufari , nifi propter unicam fractionem fpecierum venien-tium à ftellis per fphæram aëris, & ignis, five ætheris , quantùm eft de puritate naturæ fuæ ; hoc dico , quia mediantibus nubibus , & vaporibus accidit magna diverfitas, quia fol, & ftellæ om-nes videntur effe majoris quantitatis in horizonte , quàm in medio cœli, propter interpofitionem va-porum exeuntium in aëre inter nos , & ftellas orientes, in quibus vaporibus franguntur radii fo-lares propter fractionem quam habuerunt in fu-perficie ignis ; quæ fractio facit, ut videantur majoris quantitatis in horizonte , quàm in cœli medio ; quamvis & alia fit caufa hujus majorita-tis perpetua, ficut Ptolomæus, & Alhazen deter-minant. *Roger. Bacon. loc. cit. p. 302.*

nous la jugeons plus proche de nous que
n'eſt une étoile à l'horiſon , à cauſe que
l'interpoſition des objets que nous appercevons ſur terre entre nous & le ſoleil ou
la lune à l'horiſon , ſervant à meſurer des
intervalles dans la diſtance qui ſe trouve
de ces aſtres à nos yeux , l'idée qu'ils ſont
à une plus grande diſtance nous les fait
imaginer plus grands ; ainſi l'éloignement
apparent du ſoleil ou de la lune à l'horiſon , naiſſant de l'interpoſition des objets
entre eux & nous ſur la ſurface de la terre ,
(ce qui ne peut être de même lorſqu'ils
ſont vus au-deſſus de notre tête) l'idée de
leur grandeur doit s'augmenter conſéquem-
ment en notre eſprit à meſure que nous les
jugeons à une plus grande diſtance , &
ils doivent nous paroître alors plus grands
vus à l'horiſon , que vus au zénith (*a*). Cette

(*a*) Quòd autem ſtellæ ex cauſâ perpetuâ videantur majores in oriente , & occidente , quàm in medio cœli , dicit Ptolomæus in 3° , & 4° , & Alhazen in 7° ; & poteſt demonſtrari per hoc, quòd viſus
judicat cælum , quaſi planæ furæ extenſæ ſuper
caput in Orientem , & Occidentem , quandò aſpicit

raison est celle que Mallebranche a soute-
nue contre M. de Régis, laquelle est sans
doute la plus philosophique ; & M. de Régis se trompe lorsqu'il veut que les vapeurs,
rompant les rayons du soleil ou de la lune,
les fassent paroître plus grands ; car la ré-

---

ad alterum illorum ; sed quod videtur prope caput,
propinquius videtur , & ideò stella , quandò est in
medio cœli , videtur esse propinquior , & ideò in
horizonte videtur magis distare. Sed quod magis
videtur distare , videtur esse majus , postquàm sub
eodem angulo videtur ; sed quod secundùm veri-
tatem magis distat est majus , postquàm sub eodem angulo cum re minori videtur , ut A B magis distat ab oculo , & majus est quàm C D , &
C D quàm E F. Ergò tunc relinquitur , quòd
stellæ apparent majoris quantitatis in Oriente ,
quàm in medio cœli. Et hoc patet aliter. Remotio
earum , quandò sunt in Oriente , comprehenditur
per interpositionem terræ ; sed sic non possunt
comprehendi , quandò sunt in medio cœli , propter
insensibilitatem aëris. Ergò cùm magis percipitur
earum remotio , quandò sunt in Oriente , quàm in
medio cœli , sequitur , quòd magis videntur tunc
distare , quàm quandò sunt in medio cœli. Ergò , ut
priùs , apparebunt majores. *Roger. Bacon. Opus
majus , p. 247.*

fraction ne contribue qu'à augmenter leur élévation apparente fur l'horifon (*a*), & devroit même diminuer un peu l'angle vifuel fous lequel ils font vus , fi le jugement naturel qui fe forme en nous de leur éloignement , à caufe qu'ils nous paroiffent au-delà des objets intermédiaires que nous voyons fort éloignés de nous , ne s'oppofoit à ce que nous les voyions tels qu'ils font réellement ; & c'eft une vérité que nous devons à Ptolomée il y a plus de 1500 ans.

(*a*) Mallebranche , *Recherche de la vérité , Liv. I , ch. 9. & les éclairciffemens fur ce chapitre.*

CHAPITRE

CHAPITRE VIII.

Tentatives sur la Quadrature du Cercle.

129. La quadrature du cercle est aussi un problême qui n'a pas encore été résolu, & dont on doute s'il est possible de le résoudre ; les plus grands efforts des plus grands mathématiciens de tous les siècles à ce sujet se sont réduits à approcher le plus qu'il étoit possible de la solution de ce problême ; & ceux qui en ont donné l'approximation la plus exacte ont été ou les Anciens, ou ceux des Modernes qui ont suivi la méthode des Anciens. On sçait que trouver la quadrature du cercle consiste à déterminer le rapport du diamètre d'un cercle à sa circonférence ; or s'il reste aux géomètres quelqu'espérance de trouver ce rapport, elle est fondée sur une découverte d'Hippocrate de Chio, appellée la quadrature des lunules, qui lui inspira, dit-on, la confiance de chercher la quadrature du cercle (*a*).

Résultat des tentatives sur la quadrature du cercle.
Hippocrate de Chio.

____

(*a*) « Il ne faut pas confondre cet Hippocrate

Les Anciens ont été aussi loin que les Modernes en ce point.

230. Je sortirois de mon sujet, si j'entrois dans une discussion trop épineuse sur la nature de ce problème ; il suffit, pour le but que je me propose, de faire voir que dans cette matière, comme dans bien d'autres qui roulent sur les mathématiques, les Anciens ont été aussi loin que les Modernes, & leur ont laissé peu de chose à ajoûter à leurs recherches.

Tentative d'Anaxagore ;

231. Anaxagore paroît avoir été le premier (a) qui ait fait une tentative aussi hardie que l'est celle de cette découverte ; & ce fut dans les prisons d'Athènes que ce

---

» avec le père de la Médecine Hippocrate de l'isle » de Cos. Celui dont il est question ici étoit un fa- » meux géomètre qui vivoit environ 500 ans avant » Jésus-Christ, & est le même dont Plutarque parle » comme d'un habile mathématicien dans la vie » de Solon, p. 79. *Vid. Aristotelem in Ethic. Eudem. Lib. 7. c. 14. tom. 2, p. 287, & in sophist. Elenchis, Lib. 1, c. 11. tom. 1, p. 293.* Voyez *sa vie dans les Mém. de l'Académie de Berlin.*

(a) Ἀναξαγόρας μὲν ἐν τῷ δεσμωτηρίῳ τὸν τοῦ κύκλυ τετραγωνισμὸν ἔγραψε. Anaxagoras in carcere quadraturam circuli descripsit. *Anaxagoras in Plutarcho, tom. 2, de Exsilio, p. 607. E.*

grand philosophe appliqua son esprit à cette recherche.

232. Plutarque dit positivement qu'il trouva la quadrature du cercle ; mais on ne doit prendre ceci que comme une manière de parler générale, laquelle ne veut pas dire qu'Anaxagore ait en effet résolu exactement ce problême ; d'autant plus que S. Clément Alexandrin & Diogène de Laërce, qui s'accordent avec Plutarque à rendre à Anaxagore le même témoignage, ne disent pas quel étoit le rapport que ce grand homme avoit déterminé se trouver entre ces deux figures.

rapportée par Plutarque, Diogène de Laerce & Clément Alexandrin.

233. Il paroît que ce problême avoit de bonne heure occupé les esprits des géomètres ; car outre Hippocrate & Anaxagore, dont nous venons de parler, Aristote parle en plusieurs endroits (a) des efforts de Bryson & d'Antiphon Pythagoriciens, qui se flattoient aussi d'avoir trouvé la quadrature du cercle ; & Aristophane, qui cherchoit

Autres tentatives des Anciens.

______

(a) *Aristotel. analytica posteriora, Lib.* 1 *, c.* 9 *,* p. 139. *A. tom.* 1 *, & de Sophist. Elenchis, Lib.* 1 *,* pag. 193. *A , & C. D.*

à donner un ridicule aux chofes les moins
fufceptibles d'en recevoir, badine les fçavans de fon temps qui s'attachoient à ré-
foudre ce problême (a) : & long-temps
avant l'âge des philofophes Grecs, on
trouve deux paffages de l'Ecriture, dans
lefquels il eft fait mention du rapport de
la circonférence d'un cercle à fon diamètre. C'eft lorfque, l'Auteur facré (b), faifant
la defcription d'un vaiffeau de fonte, dit
qu'il avoit dix coudées de diamètre, fur
trente de circonférence, de façon que la
circonférence, fuivant cette defcription,
auroit été comme 3 à 1 ; mais ce rapport,
quoiqu'à-peu-près jufte, n'eft cependant
pas de l'exactitude qui eft requife en pa-
reil cas : auffi les témoignages de l'Ecriture ne doivent être cités que pour nous
guider dans nos mœurs, & nullement
dans des connoiffances fur les fciences

____

(a) *Ariftophan. in Comed. avium*, p. 913. *Edit.
Genev.* 1614. *Poet. Græc.* introduit un Géomètre
qui veut mefurer l'air, & quarrer le cercle.

(b) *Lib.* 3. *de Reg. c.* 7, *v.* 23. *Et Paralipomenon,
Lib.* 2, *c.* 4, *v.* 2.

exactes ; elle a été donnée aux hommes, pour les rendre vertueux, non pour en faire d'habiles physiciens, ou des mathématiciens profonds.

234. Au reste, une des approximations les plus exactes est celle d'Archimède (*a*) ; & après lui Philon, & Apollonius l'ont encore portée plus loin. Le premier établit le rapport du diamètre du cercle à sa circonférence comme de 7 à 22, ou entre 21 & 22 ; & c'est en faisant usage de la méthode d'Archimède (*b*), que Wallis a

Efforts d'Archimede, de Philon & d'Apollonius.

______

(*a*) *Archimedes de circuli dimensione, Lugd. Bat. 1594. & in 3°. vol. oper. Wallisii 1699. fol..... Vid. & Proclum in primum Euclidis, L. 4, p. 110.*

(*b*) Primus Archimedes, quantùm constat, invenit, quæ sit ratio inter conum, sphæram, & cylindrum ejusdem altitudinis, & basis, nempe qualis est numerorum 1, 2, 3, ita ut cylinder sit triplus coni, & sesquialter sphæræ ; unde sphæram, & cylindrum etiam sepulchro suo insculpi jussit. Idem invenit quadraturam parabolæ...... Sed circulus nondùm hactenùs cogi potuit sub hujusmodi leges, quamvis ab omni retrò memoriâ à Geometris exercitus. Nondùm enim inveniri potuit numerus exprimens rationem circuli ad quadratum circumscriptum, nec ratio circumferentiæ ad dia-

donné les règles qui atteignent de plus près la quadrature du cercle, fans cependant jamais y arriver, quelque loin qu'elles foient pouffées. Cette méthode d'Archimède confifte à divifer un arc continuellement en des parties jufqu'à un certain nombre de figures dans chaque bifection ; ce qu'il fit en infcrivant & circonfcrivant au cercle deux polygones de 96 côtés chacun,

---

metrum. Archimedes quidem polygona circulo infcribens, quoniam major eft infcriptis, & minor circumfcriptis, modum oftendit exhibendi limites intra quos circulus cadat, five exhibendi appropinquationes; effe fcilicet rationem circumferentiæ ad diametrum majorem quàm 3 ad 1, feu quàm 11 ad 7, & minorem quàm 11 ad 7. Hanc methodum alii funt profecuti, Ptolomæus, Vieta, Metius, fed maximè Ludolphus Colonienfis, qui oftendit effe circumferentiam ad diametrum, ut 3. 14159265358979323846, &c.
ad 1. 0000000000000000000000

Verùm hujufmodi appropinquationes, etfi in Geometriâ practicâ utiles, nihil tamen exhibent, quod menti veritatis avidæ fatisfaciat, nifi progreffio talium numerorum in infinitum continuandorum reperiatur.

& après les avoir mesurés, il tire la conséquence que la circonférence est entre les
deux limites du polygone inscrit, & du polygone circonscrit ; de sorte que le rayon
étant 1 , le polygone inscrit est plus grand
que 3 & $\frac{10}{71}$, & le polygone circonscrit est
moindre que 3 & $\frac{1}{7}$: & on est alors fort
près de l'exacte vérité , en prenant trois
fois le diamètre & un septième , pour la
valeur de la circonférence ; puisque le rapport que l'on a trouvé jusqu'ici , qui approche le plus du vrai rapport , est celui de
113 à 355 , qui ne diffère de l'exacte va-
leur que de $\frac{1}{10\,000\,000}$; & ce dernier calcul
est d'Adrien Métius , mathématicien du
dix-septième siècle (*a*). Il n'est pas douteux
qu'Archimède eût pu porter plus loin l'approximation de son calcul ; mais il se contente de remplir son objet , qui étoit le
besoin ordinaire des arts ; & ce qu'il avoit
négligé de faire , Apollonius le fit après lui,
suivant ce qu'Eutoccius (*b*) nous apprend ;

(*a*) *Adrien Metius , Geom. Pratiq. Liv. 1 , c.* 10.
(*b*) *Eutoccii Comment. in Archimedem de dimen-*
sione circuli.

& le même auteur dit que Philon de Gadare, qui vivoit au troifième fiècle, avoit pouffé jufqu'à des 10000mes. l'approximation d'Archimède (*a*).

Quadrature de la parabole par Archimède, & autres travaux des Anciens en ce genre.

235. Une des découvertes géométriques qui a fait le plus d'honneur à Archimède, eft la quadrature de la parabole, que l'on remarque être le premier exemple de quadrature exacte & abfolue d'une courbe, fuppofant que l'on veuille refufer d'admettre dans ce genre la quadrature des lunules d'Hippocrate ; & cette quadrature exacte de la parabole , jointe à l'approximation de la quadrature du cercle, où étoit arrivé Archimède, perfectionnée enfuite par Apollonius & par Philon (*b*) , doivent

---

(*a*) *Idem. ibidem.*

(*b*) Quadratura autem circuli eft , quandò dato circulo, æquale quadratum conftituerimus : hoc autem Arift. (ut videtur) nondùm novit ; tamen apud Pythagoricos inventum fuiffe Jamblicus tradit , ut conftat ex dictis , demonftrationibufque Sexti Pythagorici, qui per fucceffionem fufceperat artem demonftrationis , & poft eum fucceffit Archimedes , qui per lineam quæ dicitur Nicomedis , invenit eam. Item *Nicomedus quadrare circulum*

suffire pour aſſurer aux Anciens une gloire au moins égale à celle des Modernes dans les queſtions les plus difficiles des ſciences les plus ſublimes.

periclitatus eſt per lineam quæ propriè vocatur quadrans. Item Apollonius per quamdam lineam, quam ipſe vocat ſororem lineæ tortuoſæ, ad inſtar cochleæ, teſtudinisve, quæ eadem eſt cum eâ quæ dicitur Nicomedis. Item corpus quadrare voluit per lineam quamdam, quam ſimpliciter ex duplici motu vocat. Item plerique alii, ut narrat Jamblicus, variis modis problema, & quæſitum probarunt. *Simplicius in prædicamenta Ariſtotelis, Edit. Scoti, Venet.* 1567. *fol. p.* 82. *Vid. & eundem in prim. Phyſicorum, pag.* 19. *Col.* 1. *Venet.* 1566.

CHAPITRE IX.

Miroirs ardens.

236. LE génie fécond d'Archimède s'est manifesté d'une manière éclatante , non seulement dans les ouvrages qui nous ont été conservés de lui, mais aussi dans les descriptions admirables que les Auteurs de son temps nous ont faites de ses découvertes dans les mathématiques & la méchanique : quelques-unes des inventions de ce grand homme ont paru tellement au-dessus de l'imagination & de l'exécution de l'homme , que de célèbres philosophes les ont révoquées en doute (*a*) , & ont été jusqu'à prétendre même en démontrer l'impossibilité. Le Chapitre suivant nous fournira plusieurs preuves de ce que j'avance ici ; & en attendant je destinerai celui-ci à examiner la question des miroirs ardens qu'Archimède employa, pour brûler les vaisseaux des Romains qui assiégeoient Syracuse.

______

(*a*) Descartes , Fontenelle & plusieurs autres.

Képler, Naudé, & Defcartes ont traité ce
fait de pure fable, quoique Diodore de
Sicile, Lucien, Dion, Zonare, Galien,
Euftache, Tzetzès & quelques autres Auteurs en aient fait mention ; & quelques-
uns ont été même jufqu'à prétendre démontrer, par les règles de la Catoptrique,
que la chofe étoit impoffible, contre l'affertion de plufieurs Auteurs de poids ., qui
eût dû les porter à ne pas rejetter fi légère-
ment un fait auffi bien appuyé.

237. Tous n'ont pas été cependant dans
cette erreur : le Pere Kircher, faifant attention à la defcription que Tzetzès donne
des miroirs ardens d'Archimède, voulut
en éprouver la poffibilité, & ayant réflé-
chi par le moyen de plufieurs miroirs plans,
les rayons du foleil à un même foyer, il
augmenta (*a*) tellement la chaleur du fo-

____

(*a*) *Kircher, arte magnâ lucis,* Coïmbræ; *Lib.* 10,
p. 3. *p.* 874 *ad finem, & Problem.* 4, 3ª. *part. de
magiâ catoptricâ.....* » Vitellion qui vivoit dans le
» treizième fiècle, dans le Livre cinquième de fon
» Optique, parle d'un ouvrage d'Anthemius Tral-
» lianius (un des fucceffeurs de Proclus qui floriffoit

leil, qu'il en conclut qu'en multipliant le nombre de ces miroirs, on pouvoit produire une chaleur de la plus grande intensité.

» dans le cinquième siècle) intitulé : *De Machinis*
» *admirabilibus* ; qui se trouve en manuscrit dans
» les Bibliothéques de Vienne, du Vatican, &c. Cet
» Anthemius , suivant le rapport de Vitellion,
» avoit composé un miroir ardent à l'imitation de
» celui d'Archimède, lequel étoit formé de plusieurs
» miroirs plans , qui réfléchissant les rayons du so-
» leil à un foyer commun, produisoient une cha-
» leur considérable ; & il dit précisément que vingt-
» quatre de ces miroirs suffisoient pour brûler.

L'ouvrage d'Anthemius a pour titre : Περὶ παραδό-
ξων μηχανημάτων (δεῖ ἐν τῳ δοθέντι τόπῳ κατασκευάσαι
ἀκτῖνα ἡλιακὴν ἀμετακίνητον). *Vid. Lambeccium, Commentariis , L. 8. p.* 191.

Kircher, p. 884, 887 » donne les règles de la
» Catoptrique , suivant lesquelles on peut faire des
» miroirs ardens avec plusieurs miroirs plans ; *&*
» *pag.* 88 il parle d'une expérience qu'il a faite lui-
» même de brûler avec cinq miroirs plans dirigés
» au même foyer ; il suppose que ce fut par un
» moyen semblable que Proclus brûla la flotte de
» Vitalien , & il invite les sçavans à perfectionner
» cette expérience.

238. La description du miroir d'Archi- mède par Tzetzès est en effet bien propre à faire naître l'idée qu'en eut Kircher. Cet Auteur dit qu'*Archimède brûla les vaisseaux de Marcellus, à l'aide d'un miroir ardent, composé de petits miroirs quadrangulaires, lesquels se mouvoient en tous sens sur des charnières, & qui, exposés aux rayons du soleil (a) & dirigés vers les vaisseaux Romains, les réduisirent en cendres à la portée d'un trait d'arbaléte.* Monsieur de Buffon a

décrits par Tzetzès.

(a) Ὡς μάρκελλος δ' ἀπέστησι βολὼ ἐκείνας τίξυ,

Ἐξάγων ὅτι κάτοπτρον ἐτίκτηνιν ὁ γέρων.

Ἀπὸ j διαστήματος συμμέλρου τ̃ κατόπτρου . .

Μικρὰ τοιαῦτα κάταπίρα θεὶς πιτραπλαγωνίαις,

Κινούμϑμα λεπίσι τὶ κϑὴ τισι γυγλυμίοις,

Μέσον ἐκεῖνο τίθεικιν ἀκτίνον τῶν ἡλίου,

Μισημεθρινῆς, κϑὴ θεριναῖς, κϑὴ χειμεριωζάζης.

Ανακλωμίνων λοιπὸν εἰς τᾶτο τῶν ἀκτίνων,

Ἐξαψις ἥρθη Φοββρὰ πυράδης ζαῖς ὁλκάσι.

Καὶ πάντας ἀπτέφρωσεν ἐκ μήκυς τοξοβόλου.

Cùm autem Marcellus removisset illas ad jac-
tum arcûs,

Educens quod speculum fabricavit senex:

A distantiâ autem commensurati speculi,

Parva hujusmodi specilla cùm posuisset, qua-
druplangulis

probablement profité de cette defcription pour la conftruction de fon miroir ardent, compofé de 400 petits miroirs plans, lequel produit une chaleur affez confidérable pour allumer du bois à plus de cent cinquante pieds de diftance.

Témoignages de Lucien, de Galien & de Zonare.   239. Cette defcription de Tzetzès fuffit pour démontrer la poffibilité du fait, lequel eft attefté d'ailleurs par un fi grand nombre d'Auteurs, qu'il y auroit de l'opiniâtreté à refufer de fe rendre à leurs témoignages. Lucien dit de plus, qu'*Archimède (a)*, *au fiége de Syracufe*, *avoit par*

Quæ movebantur fquamis, & quibufdam fcalpturis,
Medium illud pofuit radiorum folis,
Auftralis, & æftualis, & hyemalis :
Refractis deinceps in hoc radiis,
Exarfio fublata eft formidabilis ignita navibus.
Et has in cinerem redegit longitudine arcûs jactûs.

Joannis Tzetzæ, *Hiftor. Chilias. III. p. 192. in Poet. Gr. veteres. De Archimede, & quibufdam ejus machinis.*

(a) Τὰς ϱῶν πολεμίων τριήρεις κατα φλέξεται τῇ τέχνῃ. Archimedes fingulari artificio hoftium triremes abfumpfit incendio. *Luciani Hippias*, *p. 846.*

un artifice singulier réduit en cendres les vaisseaux des Romains ; & Galien dit qu'*il avoit brûlé les vaisseaux des ennemis de Syracuse avec des miroirs ardens* (a). Zonare parle aussi des miroirs d'Archimède, en faisant mention de ceux de Proclus, qu'*il dit avoir brûlé la flotte de Vitalien au siége de Constantinople; à l'imitation d'Archimède, qui avoit brûlé la flotte des Romains au siége de Syracuse* (b).

(a) Οὕτω δήπως, οἶμαι, καὶ τὶν Ἀρχιμήδην φασὶ διὰ τῶν πυρίων ἐμπρῆσαι τὰς τῶν πολεμίων τριήρεις. Hoc modo aiunt & Archimedem hostium triremes urentibus speculis incendisse. *Galenus de Temperamentis, Lib.* 3 *, cap.* 2.

(b) Ἀπλικατίση Ἴστρῳ διὰ Μαριανῦ τῦ Ἐπάρχυ ὁ Ἀνασάσιος, κὴ ναυμαχίας γινομένης ἔκ τινος μηχανῆς παρὰ Πρόκλυ τῦ πάνυ γεωμετρίης (τότε γὰρ ἤῶθει κὴ ἐπὶ φιλοσοφίᾳ, καὶ ἐν τοῖς μηχανήμασι, τά τε τῦ ἐν τόποις περιβοήτυ Ἀρχιμήδυς ἅπαντα διελθὼν, καὶ αὐτὸς ἐκείνοις προσεξευρὼν) τὸ ναυτικὸν τῶν πολεμίων κατεπολέμησε. Κάτοπτρα γὰρ ἄδετα χαλκεῦσαι προφέρει ὁ Πρόκλος, καὶ ἐκ τῦ τείχυς ταῦτα ἀπαιωρήσαι κατέναντι τῶν πολεμίων νεῶν, τύτοις τῶν ἡλιακῶν ἀκτίνων προσβαλυσῶν πῦρ ἐκεῖθεν ἐκπεραυνῦσθαι καταφλέγον τὰς νῆστλυ τῶν ἐναντίας σρατὸν, κὴ τὰς νῆας αὐτὰς, ὁ πάλαι τὸν Ἀρχιμήδυν ἐπι-

Témoignage d'Eustathius. Expériences de Kircher & de M. de Buffon.

240. Euſtathius, dans ſon Commentaire dè l'Iliade, dit qu'*Archimède*, *par une invention de Catoptrique*, *avoit brûlé la flotte desRomains à la diſtance d'un trait d'arbaléte* (a) ; de ſorte qu'il n'y a preſque pas de fait dans l'Hiſtoire qui ſoit garanti par

---

νοῆται ὁ Δίων ἱϛόρησε , τῶν Ρωμαίων τότε πολιορκούντων Συράκυσαν.

Huic Anaſtaſius Imperator , per Marianum præfectum reſtitit, navalique pugnâ commiſsâ, ex machinâ quâdam à Proclo viro excellentiſſimo factâ, (is enim tùm & in Philoſophiâ, & in Mechanicis florebat, neque Archimedis duntaxat celeberrimi artificis cognôrat omnia , ſed & ipſe nova quædam adinvenerat) claſſis hoſtium debellata eſt. Nam ſpecula ex ære fabricaſſe hiſtoriâ fertur Proclus, eaque de muro è regione hoſtilium navium ſuſpendiſſe : in quæ cùm ſolares radii impegiſſent, ignem indè fulminis inſtar erumpentem , claſſiarios, ipſaſque naves hoſtium combuſſiſſe, quod olim Archimedem excogitaſſe, Romanis Syracuſas obſidentibus, Dion refert. *Ex Zonarâ annalibus*, *tom. 2, p.* 44.

(a) Κατωπτμιχήν τινα ἐπίνοιαν μηχανησάμενος Ἀρχιμήδης μὲν ὁ σοφώτατος πολεμικὰς ἐνετ.ῆριϲι νῆας , ὡς οἷα τις κεραυνόϲϲλος. *Euſtathius ad Iliad* ᵱ p. 488. *Fabric. Bibl. Gr. tom.* 2. *p.* 552.

des

des témoignages plus authentiques, & qu'il feroit difficile de ne pas fe rendre à leur évidence, quand même nous ne pourrions pas comprendre quel art Archimède auroit employé pour la conftruction de ces miroirs; or depuis que les expériences du Pere Kircher & de M. de Buffon (a), ont fait voir qu'il n'y avoit rien de plus aifé à mettre en exécution que ces mêmes miroirs dont on avoit prétendu prouver l'impoffibilité, que doit-on penfer du génie de celui dont les inventions paffent, dans leur defcription même, la conception des plus célèbres Mathématiciens de nos jours, lefquels croient avoir beaucoup fait, quand ils ont pu s'élever jufqu'à copier les effais de ces grands maîtres, dont ils ne veulent pas fe reconnoître pour difciples?

241. Il paroît encore que les Anciens connoiffoient les miroirs ardens de verre, qui brûlent par réfraction. Car on trouve un paffage dans la Comédie des Nuées d'Ariftophane, qui traite clairement des effets

Miroir ardent par réfraction, décrit dans Ariftophane.

____

(a) *Mémoires de l'Académie des Sciences*, ann. 1746. 1747, p. 91, 92.

de ces deux verres ; l'auteur introduit Socrate interrogeant Strépisiade sur le moyen
qu'il se flatte d'avoir trouvé pour être dé-
sormais dispensé de payer ses dettes ; &
celui-ci lui répond qu'*il a trouvé un verre
ardent (a), dont on se sert pour allumer le
feu ; & que si on lui apporte une assignation (b),
pour payer, il présentera aussi-tôt son verre au
soleil, à quelque distance de l'assignation, &
y mettra ainsi le feu (c) :* par où l'on voit
qu'il s'agissoit ici d'un verre qui brûloit à
quelque distance, & qui ne pouvoit être
qu'un verre lenticulaire.

(*a*) *Aristophanes in Nubibus,* act. 2, sc. 1. v. 140.
Τὴν ὕαλον (*vitrum*) ἀφ' ἧ τὸ πῦρ ἅπlυσι ; undè ignem
accendunt.

(*b*) Δίκην, i. e. sententiam.

(*c*) Ἀπολέραι σὰς ὥδε πρὸς τὸν ἥλιον τὰ γράμματ' ἐκ
τέξαιμι τῆς ἐμῆς δίκης..... Ego procul stans, ad hunc
modum, ad solem, vitro delevero literas intentæ
mihi dicæ (*sententia*). *ibid.*

CHAPITRE X.

De plusieurs découvertes des Anciens dans les Mathématiques , l'Astronomie , &c.

242. On écriroit un gros livre de l'his-toire de toutes les découvertes importan-tes dans la géométrie , les mathématiques & la philosophie dont nous sommes rede-vables aux Anciens ; aussi pour ne pas gros-sir ce volume , nous nous contenterons seu-lement d'indiquer ici en peu de mots les principales , sur lesquelles nous jugeons inutile de nous arrêter autant que nous avons fait sur les autres ; d'autant plus que celles-ci sont reconnues généralement de-voir leur origine aux philosophes de l'An-tiquité à qui nous les rapportons.

Découver-tes des An-ciens dans les Mathé-matiques trop longues à énumérer.

243. Tous les sçavans conviennent que Thalès a été le premier , dont nous ayons connoissance , qui ait prédit les éclipses ; enseigné *l'usage de la petite ourse* ou de l'é-toile polaire ; *la rondeur de la terre & l'obli-quité de l'écliptique ;* il n'a pas été moins

Ce que cette science doit à Thalès ;

utile à la géométrie qu'à l'astronomie ; il instruisit dans cette science les Egyptiens mêmes , chez qui il étoit allé pour prendre des leçons ; il leur enseigna *à mesurer les pyramides par le moyen de leur ombre ; & à déterminer les hauteurs & les distances inaccessibles , par les rapports des côtés des triangles* ; il démontra diverses propriétés du cercle , & entre autres une , suivant laquelle *tous les triangles qui ont pour base le diamètre d'un cercle , & dont l'angle opposé atteint la circonférence , ont cet angle droit* ; enfin il enseigna plusieurs autres belles vérités, trop longues à décrire, sur lesquelles le lecteur , qui souhaitera de les mieux connoître, pourra consulter les Auteurs cités ci-dessous (*a*). Nous devons aussi à Anaximandre, successeur de Thalès, l'*invention de la sphère armillaire & des gnomons ou cadrans solaires ; & c'est aussi lui qui a*

____

(*a*) *Diogenes Laertius in Thaletem, Lib. 1. Sect. 24... Plutarch. de Placitis Philosoph... Apulejus Florid. Lib. 4... Proclus in Euclid. Lib. 2. comm. 14. ibid. L. 1. prop. 5. L. 3. com. 9 & 19... Proclus, L. 3. com. 31.*

dreffé le premier des Cartes Géographiques (a).

244. Pythagore nous a déja fourni plu- à Pythagore; fieurs exemples de la profondeur de fon fçavoir dans toutes les fciences. Il y a eu peu de philofophes dans l'Antiquité qui aient eu autant de fagacité & de profondeur de génie ; il donna le premier des règles certaines & fondamentales à la mufique qu'il détermina par l'effet d'une fagacité admirable. Frappé de la différence des fons que rendoient les marteaux d'un forgeron, qui s'accordoient aux intervalles de quarte, de quinte & d'octave (b), il conclut que cela venoit de la différence des poids des marteaux, qu'il pefa, pour s'en mieux éclaircir; & il vit que fa fuppofition étoit jufte. Là-deffus il tendit des cordes de longueurs égales, par des poids, dans les proportions du poids de ces mar-

---

(a) *Laertius, L. 2. Sect. 1.. Plinius, L. 2, c. 8.. Strabo, Geog. L. 1 ad finem... Apollonius de Rhodes. Argon. Lib. 4, c. 278.*

(b) *Jamblic. vit. Pythagor. pag. 111, c. 25... Theon Smyrn... Cenforinus de die Natali, cap. 10. Macrob. in fomn. Scipionis, c. 2.*

K iij

teaux, & il trouva qu'elles rendoient des sons dans les mêmes intervalles de ceux des marteaux de poids différens. D'autres veulent que son procédé ait été d'une autre manière, & qu'il ait tendu par un même poids des cordes de longueurs différentes (*a*). Quoi qu'il en soit, ce fut sur ce principe que Pythagore imagina la monocorde, instrument composé d'une seule corde, & propre à déterminer facilement les divers rapports des sons. Il découvrit aussi plusieurs belles vérités dans la Géométrie (*b*), entre autres cette propriété du triangle rectangle : *que le quarré fait sur le côté opposé à l'angle droit ou l'hypothenuse, est égal aux quarrés faits sur les deux autres côtés.*

& à Platon. 245. Platon s'appliqua aussi à l'étude des Mathématiques, & nous lui devons de très-belles découvertes dans cette scien-

---

(*a*) *Montucla, Hist. des Mathémat. tom.* 1. pag. 123.

(*b*) *Diogenes Laertius in Pythagoram, Lib.* 8, *Sect.* 12... *Vitruvius, Architect.* 9. 1.

ce (*a*) : il introduit le premier *la méthode analytique , ou l'analyse géométrique qui enseigne à trouver la vérité que l'on cherche dans son premier principe.* Il résolut le fameux problême de la duplication du cube (*b*), dont on fait aussi honneur à Eudoxe , à Archytas & à Ménechme , tous philosophes de son école. On lui attribue encore (*c*) *la solution du problême de la trisection de l'angle ; la découverte des sections coniques, &c.*

246. La Géométrie est aussi redevable à Hipparque des premiers élémens de la

Decouvertes d'Hipparque & de Diophante.

(*a*) *Laertius , Lib. 3. Sect. 24... Proclus in Euclid. L. 3... Theon Smyrnaeus , L. 1 & 2.*

(*b*) *Plutarchus de ü Delph... Philoponus Commentar. in Analyt. Poster. L. 1. Valerius Maximus, Lib. 8. cap. 12... Montucla , Hist. des Mathémat. tom. 1. p. 193. 178. &c. Vid. & Laertium in vit. Archyta de quo sic :* Primus hic Mechanica, Mechanices principiis usus, exposuit ; primusque motum organicum descriptioni Geometricæ admovit, ex dimidii cylindri sectione duas Medias secundùm proportionem sumere quærens, ad cubi duplicationem invenit, ut Plato in Lib. de Republic. testatur.

(*c*) *Montucla... Stanley.*

trigonométrie rectiligne & fphérique (*a*) ; & nous devons à Diophante , qui vivoit 360 ans avant Jefus-Chrift , l'invention de l'algèbre (*b*).

247. Que les Anciens aient pofé les premiers fondemens de l'algèbre, c'eſt une vérité hors de toute difpute , & affirmée pofitivement par le célèbre **Wallis** dans fon hiſtoire de cette fcience (*c*). Il dit qu'il

Algébre connue des Anciens , fuivant Wallis, Barrou , &c.

(*a*) *Theon Smyrnæus , Comment. in Alm. Lib.* 1 , *cap.* 9.

(*b*) *Abulpharage , Hiſtoriâ Dynaſticâ .. Diophantes , Quaſtion. Arithmetic. def.* 11. *Voyez la note* (*a*) *Sect.* 223.

(*c*) **Mihi quidem extra omne dubium eſt veteribus cognitam fuiſſe, & ufu comprobatam iſtiusmodi artem aliquam inveſtigandi qualis eſt ea quam nos algebram dicimus. Indèque derivatas eſſe apud eos confpiciuntur prolixiores & intricatæ fatis demonſtrationes.... & Barrovius noſter Diſſertationem hàbuit de Archimedis methodo inveſtigandi ; ubi concludit algebram jam tùm fuiſſe in ufum receptam , &c.** *Walliſii oper. tom.* 2, *p.* 3. *de Algebrâ tractat. cap.* 2.

Vid. & Libel. Archimed. de Dimenſ. circ. Wallis. oper. tom. 3. *pag.* 539. 544. *& notas in Arenarium , tom.* 2. *pag.* 537 , *col.* 1. *addo etiam hoc*

ne fait aucun doute que l'algèbre n'ait été connue des Anciens, & qu'ils ne tiraſſent de-là les démonſtrations prolixes & difficiles que nous trouvons ſouvent dans leurs ouvrages; il appuie ſon opinion des témoignages de Schoten, d'Oughtred (*a*), & de Barrou; & cite un manuſcrit de la Bibliothèque Saviliene qui traite de cette ſcience, & porte le nom d'Apollonius. Le même Auteur penſe que les Anciens cachoient avec ſoin une méthode qui leur fourniſſoit les démonſtrations les plus belles & les plus difficiles, & qu'ils ſe contentoient de prouver leurs propoſitions par des démonſtrations plutôt que de cou-

----

ipſo de Arenæ numero *tractatu non modò Hypotheſin Ariſtarchi Samii* nobis conſervatam eſſe (quæ ſecùs fortè periiſſet planè) quam per multa ſæcula ſepultam, Copernici tandem operâ redivivam, jam tota fere amplectitur mathematicorum cohors. Sed & *fundamina* ſaltem hîc habemus poſita iſtius numerandi artis ſeu potiùs numeros notandi quam Cifris *Saracenis*, ſeu rectiùs Indicis, jam exercemus.

(*a*) *Vid. Oughtred. Præfat. ad Clavem Mathematicam.*

rir le rifque de déceler la méthode directe par laquelle ils avoient trouvé ces démonftrations (*a*). Nuñes eft de la même opinion, & dans fon hiftoire de l'algèbre il regrette que les Anciens nous aient caché la méthode dont ils faifoient ufage, & dit : » qu'il ne faut pas penfer que la plû- » part des propofitions d'Euclide & d'Ar- » chimède aient été trouvées par ces grands » hommes de la même manière qu'ils nous » les ont tranfmifes eux-mêmes (*b*).

Leur méthode, femblable à notre algèbre, perçoit cependant à travers leurs recherches & leurs découvertes ; on en voit des traces

______

(*a*) Hanc autem artem inveftigandi veteres occuluerunt fedulò ; contenti per demonftrationes apagogicas (ad abfurdum feu impoffibile ducentes, fi quod afferunt negetur) affenfum cogere : potiùs quàm directam methodum indicare quâ fuerint inventæ propofitiones illæ quas ipfi aliter & per ambages demonftrant. *Wallis. loc. citat.*

(*b*) Nuñes, *feu Nonius in algebrâ fuâ Hifpanicè editâ ; Antwerpiæ, anno* 1567. *fol. p.* 114. 6. Neque putandum eft plurimas Euclidis & Archimedis propofitiones fuiffe ab illis eâ viâ inventas, quâ nobis illi ipfas tradiderunt.

affez marquées dans le 13ᵉ. Livre d'Euclide, fur-tout fi l'on fait ufage du texte grec
ou de l'ancienne traduction latine, & quoique .Wallis conjecture que ces traces de
l'algèbre pourroient bien être de Théon
ou de quelqu'autre fcholiafte , l'antiquité
de l'origine de cette fcience eft toujours la
même ; & on la fait encore remonter plus
haut, en fuivant la penfée de quelques habiles Mathématiciens parmi les Anciens(*a*),
qui en font Platon le premier inventeur ,
(Sect. 245). Si l'on entre dans un examen
plus particulier de cette affertion , on trouvera encore le même **Wallis** , qui fert de
guide & d'autorité ; & il feroit déraifon-
nable de refufer d'acquiefcer au fentiment
d'un homme qui a fi bien éclairci cette matière , & à qui l'algèbre de nos jours doit
les premiers & les plus grands efforts vers
l'état de perfection dans lequel elle fe
trouve. Or felon cet habile Géomètre , la
méthode des *feries infinies* tire fon origine

Méthode des indivifibles la même que la méthode des exhau-ftions.

(*a*) *Wallis tom. 2, p. 2. Theo , Lib. 13. Prop.*
Euclid. in princip. Pappus in collectan. Lib. 7 , fub
initium.

de l'*Arithmétique des infinis* qu'il publia en
1656; & il reconnoît lui-même que ces
deux méthodes ont pour fondement la
méthode des exhaustions des Anciens (*a*).
Il avance de plus que la *méthode des indi-
visibles* introduite par Cavallieri n'est autre
chose que cette même *méthode des exhaustions* réduite à une manière plus abrégée,
à la vérité, mais aussi plus obscure; ce qu'il
prouve ensuite par un exposé analytique
de ces différentes méthodes (*b*). Quant à

____

(*a*) Speculatio hæc (feriarum infinitarum) originem duxit à meâ infinitorum arithmeticâ...... Præ-
mittendum aliquid de methodo exhaustionum *quâ
nituntur*, methodoque indivisibilium à Cavallerio
introductâ quæ non alia est quàm exhaustionum
methodus compendiosior. *Wallis. opera. tom. 2,
cap. 73. Hist. Algebra, p. 305.* Vid. & *p. 308. lin.
35 & totum caput.*

(*b*) Methodus exhaustionum (per continuam in-
scriptionem & circumscriptionem figurarum, donec
earum inter se differentia evadat quâvis assignabili
minor) est aliquandò deformata in eâ quæ dici
folet Geometria indivisibilium, seu methodus indivisibilium, à Cavallerio primitùs introducta, *est-
que hæc, reapsè, non alia ab antiquiori exhaustionum methodo*, eodem nixa fundamento, & indè

ce que cette dernière a de commun avec les recherches fur la quadrature du cercle, on peut voir ce qui en a déja été dit (*a*).

248. Outre toutes les découvertes, que nous avons lu avoir été faites par les Anciens dans l'Aftronomie, il en eft un nombre confidérable d'autres que les bornes que nous nous fommes prefcrites ne nous permettent pas d'expofer avec toute la prolixité qu'elles fembleroient devoir exiger; je ne veux cependant pas omettre de faire mention ici de l'importante obfervation d'Ariftarque (*b*), qui a donné *la premiere méthode de déterminer la diftance du foleil à la terre par la dichotomie de la lune*, qui eft

Ariftarque mefure le premier la diftance du foleil à la terre.

---

demonftrabilis; fed aliquandò deformata & obfcuriùs quidem, fed compendiofiùs tradita. *Idem*, *cap.* 74. *pag.* 311. Vid. *pag.* 313. & *c.* 75. *ad finem.*

(*a*) Chap. 7 de cette Partie. Voyez auffi Wallis, *tom.* 2, *pag.* 359 & *fuiv.* Chap. 86 & le livre d'Archimède *de Dimenf. circul.* avec le commentaire d'Euftochius à la fuite, où il parle des approximations d'Apollonius Pergæus & de Philo. *p.* 559.

(*b*) *Vitruv. Arch. Lib.* 1, *c.* 1... *Montucla, Hiſt. des Mathém. tom.* 1, *p.* 228.

la section apparente de cet astre en deux, au temps de ses quadratures.

249. Hipparque a aussi enrichi l'Astronomie d'une manière à rendre son nom à jamais célèbre & vénérable chez les amateurs de cette science, ayant calculé le premier des tables des mouvemens de la lune & du soleil, & dressé le premier catalogue des étoiles fixes (*a*). Il a aussi déterminé le premier les longitudes géographiques par des observations d'éclipses ; & ce qui fait sur-tout un honneur immortel à la sagacité de son génie, est qu'il jetta les premiers fondemens de la découverte de la précession des équinoxes, dans son livre intitulé *de retrogradatione punctorum solstitialium & æquinoctialium*. M. Bayle reproche à Rohault de » s'être abusé lorsqu'il a » dit qu'Hipparque ne connoissoit pas le » mouvement particulier des étoiles fixes » de l'occident à l'orient, qui fait varier leur » longitude « (*b*) ; il auroit pu avec autant de fondement avoir fait le même reproche

Hipparque après Timée de Locres a remarqué la précession dés équinoxes.

____

(*a*) *Pline, Hist. Nat. Lib.* 2, *ch.* 26.
(*b*) *Bayle* au mot Hipparque.

à tous les ſçavans qui ont écrit ſur ce ſujet, ſans avoir jamais remarqué, que je ſçache, que Timée de Locres, qui vivoit avant Platon, avoit déja enſeigné cette vérité aſtronomique dans des termes aſſez clairs (a).

(a) Τὰ ϑ τὰς τῷ ἐτέρχ ἱππὸς ἀπὸ ἑσπέρας, τὰ κοθ' ἵω μὰ ἱππιαφερόμενά τι, ϗ καθ' αὐτὰ κινόμενα Ea verò quæ ad motum alterius pertinent, intrà ab occidente ad orientem revertuntur, & peculiari quodam motu moventur. *Timæus Locrenſis de animâ Mundi in Editionem Platonis, Verſione Serrani, tom. 3, pag. 96.*

CHAPITRE XI.

D'Archimède ; de la Mécanique des Anciens, & de leur Architecture.

Mérite d'Archimède dans la Mécanique. 250. ARCHIMÈDE seul fourniroit suffisamment de la matière pour former un volume dans le détail des découvertes merveilleuses que ce génie profond & fertile en inventions a faites ; nous avons vu, dans les Chapitres précédens (*a*), que quelques-unes de ses découvertes ont tellement paru au-dessus de la portée de l'homme, que plusieurs sçavans de nos jours ont trouvé plus facile de les révoquer en doute que d'imaginer les moyens qu'il avoit employés pour y parvenir ; nous rapporterons encore quelques preuves de la fécondité de l'esprit de cet homme célèbre, de l'excellence duquel on peut juger, par la grandeur des effets qu'il a produits. Leibnitz, qui étoit un des plus grands Mathématiciens de ce

____

(*a*) *Chap.* 7 & 8 *de cette Partie.*

siècle,

siècle, rendoit justice au génie d'Archimède, & disoit *que si on avoit plus de connoissance des productions admirables de ce
grand homme, on prodigueroit moins d'ap-
plaudissemens aux découvertes des plus célèbres Modernes* (*a*).

251. Wallis, parlant aussi d'Archimède
l'appelle (*b*) *un homme d'une sagacité admirable, qui a posé les premiers fondemens de
presque toutes les inventions que notre siècle
se fait gloire de perfectionner.* En effet, quelles lumieres n'a-t-il pas répandues dans les
Mathématiques, par ses tentatives sur la
quadrature du cercle, ses découvertes *de
la quadrature de la parabole, des propriétés
des spirales* (*c*) ; *du rapport de la sphère au*

(*a*) Qui Archimedem intelliget, recentiorum
summorum Virorum inventa parciùs mirabitur.
Leibnitii Epist. ad Huetium, Hannov. 1679.

(*b*) Vir stupendæ sagacitatis, qui prima fundamenta posuit inventionum ferè omnium, de quibus promovendis ætas nostra gloriatur. *Wallisii
oper.*

(*c*) *Vid. Archimedem de dimensione circuli.. de li-
neis spiritualibus, de quadraturâ parabola.*

cylindre (*a*), &des vrais principes de la Stati-
que & de l'Hydroſtatique (*b*) ? Quelle preuve
de ſagacité que celle qu'il donna, en dé-
couvrant la quantité d'argent mêlée dans
la couronne d'or du roi Hiéron, qu'il trouva en raiſonnant ſur ce principe : *que tout
corps plongé dans l'eau y perd de ſon poids autant que pèſe un volume d'eau égal au ſien* (*c*) ?
Il en tira cette conſéquence que l'or, comme plus compact, devoit perdre moins
de ſon poids, l'argent perdre davantage,
& une maſſe mêlée d'or & d'argent perdre
à proportion de ce mélange (*d*) ; & peſant
enſuite dans l'eau & dans l'air la couronne,
& deux maſſes d'or & d'argent, de peſan-
teur égale à la couronne, il détermina ce
que chacune perdoit de ſon poids, & ré-

(*a*) *Archimedes de ſpharis, & cylindro, libri* 2.
ad Doſitheum.

(*b*) *Archimedes de æqui-ponderantibus.*

(*c*) *Archimedes in libro de inſidentibus in fluido...
Vitruve, Architect. l.* 9, *c.* 3. explique un peu
différemment le principe de cette découverte... *Plutarch. tom.* 2, *pag.* 1094. *Proclus in primum Euclidis, pag.* 18.

(*d*) *Montucla, tom.* 1. *pag.* 241, 242.

folut par-là le problême. Il imagina auffi la *vis fans fin* recommandable par fa pro-priété de furmonter de grandes réfiftan-ces ; & la *vis* que l'on défigne encore par fon nom, dont l'ufage eft d'élever l'eau (*a*). Il défendit lui feul la ville de Syracufe en oppofant aux efforts du général Romain la feule reffource de fon génie (*b*) ; il avoit fait plufieurs différentes machines de guer-re, avec lefquelles il rendit l'approche de Syracufe inacceffible à l'ennemi : quelque-fois il lançoit fur fes troupes de terre des pierres d'une groffeur énorme, qui en écra-foient une partie & troubloient l'ordre du refte de l'armée; ou, s'ils s'éloignoient des murs, il fçavoit les atteindre, avec des catapultes, ou baliftes, par le moyen def-quelles il leur jettoit un nombre confidéra-ble de traits, ou plutôt de poutres d'un poids prodigieux ; & fi leurs vaiffeaux s'ap-prochoient de la fortereffe, il les faififfoit par la proue avec des poignées de fer,

____

(*a*) *Diodorus Siculus, Bibliothec. Hift. lib.* 1. *Athe-næus Deipnofophift. lib.* 5.

(*b*) *Plutarch. in Marcello, pag.* 306. *tom.* 1.

qu'il faisoit agir dans l'intérieur de la for-
teresse, & les enlevant en l'air au grand
étonnement des assistans, il les secouoit
fortement & les brisoit ou couloit à fond.
Les Romains croyoient-ils mettre leurs
vaisseaux à l'abri de sa poursuite en les te-
nant plus écartés du port, il empruntoit
le feu du ciel, joint à l'aide de son art,
pour y porter un embrâsement soudain &
inévitable, comme nous l'avons vu un peu
plus haut (*a*).

Etendue du génie d'Ar- chimède & les preuves qu'il en donne.

252. Ce fut cette connoissance supé-
rieure dans les sciences, & sa confiance
dans le pouvoir des Mécaniques, qui lui
fit avancer cette proposition hardie au roi
Hiéron, son parent, son admirateur, &
son ami (*b*). *Donnez-moi un lieu, où je
puisse me tenir ferme, & je remuerai la terre;*
& comme le roi, frappé de ce discours,
sembloit en douter, il lui donna une preuve

(*a*) Chapitre 8.

(*b*) Δος μοι πᾶ ϛῶ, καὶ κινῶ τὴν γῆν. Da mihi ubi
consistam, & movebo terram.. *Pappus, in Mechanicis ; Tzetzes in Chiliadibus... Plutarch. tom.* 1,
pag. 306. *in Marcell.*

de la poffibilité de ce qu'il avoit avancé,
en mettant feul à flot un vaiffeau d'une
grandeur prodigieufe (*a*). Il bâtit auffi pour
le roi une galère immenfe, de vingt bancs
de rameurs, laquelle avoit des apparte-
mens fpacieux, des promenades, des jardins, des étangs, & tous les autres avantages convenables & ordinaires au palais
d'un grand roi (*b*); il conftruifit auffi une
fphère qui repréfentoit les mouvemens
des aftres, que Cicéron regardoit comme
une des inventions les plus propres à faire
honneur à l'efprit humain (*c*); il perfec-
tionna la manière d'augmenter les forces
des machines, en multipliant les roues &
les poulies, & porta enfin la Mécanique fi

(*a*) *Tzetzes, Chiliad.* 2, *verf.* 105 *& fequent.*
(*b*) *Athenæus Deipnofophiſt. lib.* 5, *p.* 206.
(*c*) Jupiter in parvo cùm cerneret æthera vitro,
 Rifit, & ad fuperos talia dicta dedit :
 Hùccine mortalis progreffa potentia curæ?
 Jam meus in fragili luditur orbe labor.
 Jura poli, rerumque fidem, legemque virorum
 Ecce Syracufius tranftulit arte fenex,
Claudianus, Epigrammat. & Cicer. Tufcul. Lib. 1,
Sect. 98, *pag.* 117. *Edit. Steph.*

loin, que ſes productions ſurpaſſent encore l'imagination (*a*).

Machines de guerre, & autres belles decouvertes des Anciens.

253. Archimède n'a pas été le ſeul qui ait réuſſi dans la Mécanique. . . . . Les machines immenſes, & d'une force étonnante, que les Anciens avoient trouvé l'art de mettre en uſage dans la guerre, ſont une preuve qu'ils ne nous cédoient en rien à cet égard. Nous avons encore de la peine à concevoir comment ils pouvoient faire avancer ces groſſes tours ambulantes, de 152 pieds de haut, ſur 60 de large ; compoſées de pluſieurs étages ; qui avoient au bas un bélier, machine d'une puiſſance ſuffiſante pour abattre des murs ; au milieu, un pont qui s'abaiſſoit ſur les murs de la ville attaquée, afin de fournir un paſſage aux aſſiégeans dans la ville ; & au haut, cette tour contenoit une troupe, qui plus élevée que les aſſiégés, les harceloit, ſans courir aucun riſque. Enfin leur art de la guerre fournit un nom-

____

(*a*) *Athenaus, Lib. 5. p. 208... Pappus, in Mechanicis, & Mathemat. Collect. Lib. 8. de problemate 6, propoſ. 10, pag. 460.*

bre confidérable de preuves femblables,
qui ne peuvent que donner l'idée la plus
haute de la hardieffe du génie des Anciens,
& de la vigueur avec laquelle ils mettroient
leurs entreprifes en exécution. *L'invention
des pompes par Ctefibius (a)*; & celle des
horloges à eau, des *automates*, des *machines à vent*, des *crics*, &c. *(b)* par Héron,
qui vivoit dans le fecond fiècle, & les autres découvertes des Géomètres Grecs,
font en fi grande quantité que les limites
d'un Chapitre ne fuffifent pas même pour
les indiquer.

254. Si nous paffons à d'autres fujets, Autre genre de preuves.
nous trouverons également des témoigna-
ges inconteftables de la grandeur du génie
des Anciens, dans les entreprifes hardies
& vraiment merveilleufes, auxquelles il
les portoit. L'Egypte & la Paleftine nous
en offrent encore des preuves dans les pyramides & les ruines de Palmyre & de
Balbec ; l'Italie eft remplie de ruines & de

(a) *Vitruv. Architect. Lib.* 9, *c.* 9. L. 10, *c.* 12.
(b) *Pappus, Collect. Mathem. Lib.* 8, *&c.*

L iv.

monumens, qui nous aident à comprendre quelle devoit être la magnificence de ses habitans ; & l'ancienne Rome attire encore plus notre admiration que la nouvelle.

255. Les plus grandes villes de l'Europe répondent à peine à l'idée que tous les Historiens s'accordent à nous donner de la grandeur de la fameuse ville de Babylone (*a*) , qui ayant quinze lieues de tour, étoit cependant entourée de murailles de deux cents pieds de haut , & de cinquante pieds de large ; ornée de jardins prodigieux à côté de ses murailles , & qui, de terrasse en terrasse , s'élevoient jusqu'à la hauteur de ces murs ; & on avoit aussi trouvé l'art d'élever l'eau de l'Euphrate jusqu'à la plus haute terrasse (c'est-à-dire aussi haut que la machine de Marly) pour arroser tous les jardins. La tour de Bélus au milieu de l'enceinte du temple , étoit aussi d'une hauteur si excessive , que quelques anciens Auteurs n'ont pas osé la limi-

Ville de Babylone, & tour de Bélus.

(*a*) *Strabo, Lib.* 16. *in principio, p.* 738. *&* 1072. *Edit. Amst. Plin. Hist. Natur. Lib.* 6. *c.* 26.

ter : quelques-uns l'ont portée jufqu'à mille pas (a).

256. Ecbatane, capitale de la Médie, étoit encore d'une grandeur prodigieufe, ayant huit lieues de tour, & étant entourée de fept murailles en forme d'amphithéâtre, dont les créneaux étoient de diverfes couleurs (b), blancs, noirs, écarlate, bleus, orange, argentés & dorés. Perfépolis étoit auffi une ville, dont tous les Hiftoriens parlent comme de la plus ancienne & de la plus magnifique de toute l'Afie (c). Il refte encore les ruines d'un de fes palais, dont la façade avoit fix cents pas de large, & préfente encore des reftes de fon ancienne grandeur.

257. Le lac Mœris étoit auffi une preuve bien frappante de la grandeur des entreprifes des Anciens (d); tous les Hiftoriens

----

(a) *Strabo, Lib.* 16 *p.* 1073. *B. Edit. Amftel...*
Plin. loc. cit.

(b) *Herodote, Liv.* 1. *c.* 98... *Plin. Lib.* 6. *c.* 14.

(c) *Diodor. Sicul. Lib.* 17. *c.* 71.

(d) *Pomponius Mela. Lib.* 1, *c.* 9... *Diodor. Sicul. Lib.* 1, *Part.* 1, *p.* 48... *Strabo, Lib.* 17. *p.* 1137. 1163, 1164. *Edit. Amft.*

s'accordent à lui donner plus de cent cinquante lieues de circuit : ce fut cependant l'ouvrage d'un seul roi d'Egypte qui fit creuser cette étendue immense de terrein pour y recevoir les eaux du Nil, lorsque ses inondations étoient trop considérables; ou pour arroser l'Egypte par la communication de canaux pratiqués à cet effet, lorsque le débordement de ce fleuve n'étoit pas à la hauteur nécessaire à la fécondité des terres. Du milieu de ce lac, s'élevoient deux pyramides d'environ six cents pieds de hauteur (*a*).

Pyramides d'Egypte.

258. Les autres pyramides d'Egypte surpassent tellement par leur grandeur & leur solidité tout ce que nous connoissons en édifices, que nous ferions portés à douter qu'elles aient réellement existé, si elles ne subsistoient encore aujourd'hui (*b*). M. de Chezele, de l'académie des sciences, qui entreprit le voyage d'Egypte, au siècle dernier, à dessein de les mesurer, donne à un

---

(*a*) *Pompon. Mela, & Diod. Sic. loc. cit.*

(*b*) *Plinius, Hist. Natur. L. 36. c. 12... Strabo. Lib. 17. p. 1160-65. Hist. de l'Académ. ann. 1710.*

des côtés de la bafe de la plus grande de ces pyramides fix cent foixante pieds de longueur, laquelle eft réduite par fon inclinaifon à la hauteur perpendiculaire de quatre cent foixante & fix de hauteur; les pierres de taille, dont elle eft compofée, font chacune de trente pieds de long, & on ne conçoit pas comment les Egyptiens avoient trouvé le moyen d'élever des maffes auffi pefantes à des hauteurs fi prodigieufes.

259. Le coloffe de Rhodes étoit encore une autre production merveilleufe des Anciens; il fuffit, pour donner une idée de fon énorme groffeur, de dire que fes doigts étoient auffi gros que des ftatues, & que peu de perfonnes pouvoient embraffer fon pouce (a).

Coloffede Rhodes.

(a) *Plin. Liv.* 34. *chap.* 7... *Diodore de Sicile,* *Liv.* 2, rapportent » que Sémiramis fit tailler la » montagne de Bagiftanes entre Babylone & la » Médie, & en fit faire fa ftatue qui étoit de dix- » fept ftades (plus d'une demi-lieue de France) de » hauteur, & laquelle étoit environnée de cent au- » tres ftatues proportionnées à celle-ci, quoique » moins grandes. *Et Plutarque,* tom. 2. *pag.* 335,

260. Enfin, que dirons-nous des autres édifices qui nous reftent des Anciens ? de leur ciment, dont la dureté égale celle du marbre même ? de la folidité de leurs chemins, dont quelques-uns étoient pavés de grands carreaux de marbre noir ; & de leurs ponts, dont quelques-uns fubfiftent encore comme des monumens irrecufables de leur grandeur ? Le pont du Gard, à trois lieues de Nîmes, eft un de ces monumens : il fert à la fois de pont & d'aqueduc ; il traverfe la riviere du Gardon, & fait la jonction de deux montagnes, entre lefquelles il eft renfermé, & il a trois étages, dont le troifième fervoit d'aqueduc, pour conduire les eaux de l'Eure jufques à un

---

» parle de l'entreprife bien vafte d'un certain Hafi-
» crates, qui propofa à Alexandre de faire fa fta-
» tue du mont Athos, qui a cent cinquante milles
» de tour, & environ dix milles de hauteur ; & fon
» deffein étoit de faire tenir dans la main gauche
» de cette ftatue une ville affez grande pour conte-
» nir dix mille habitans, & dans l'autre main une
» urne, d'où fortiroit un fleuve qu'elle verferoit
» dans la mer... *Voyez auffi le même Plutarque,
tom. 1, pag. 705. à Vie d'Alexandre....*

grand réservoir, d'où elles se répandoient dans l'amphithéâtre & la ville de Nîmes. Le pont d'Alcantara, sur le Tage, est encore un ouvrage bien propre à donner une grande idée de la magnificence Romaine ; il a six cent soixante & dix pieds de long, & est composé de dix arches, dont chacune a quatre-vingts pieds, d'une pile à l'autre ; & sa hauteur depuis la surface de l'eau est de deux cents pieds. Enfin on voit encore les débris du pont de Trajan sur le Danube, qui avoit vingt piles de pierres de taille, dont quelques-unes subsistent encore, hautes de cent cinquante pieds, larges de soixante, & éloignées les unes des autres de cent soixante & dix. Je n'aurois jamais fini, si j'entreprenois de faire l'énumération des monumens admirables que nous ont laissé les Anciens ; l'esquisse légere que je viens d'en faire est plus que suffisante pour le but que je me propose.

261. Si nous admirons les Anciens dans les monumens qui nous restent de leurs grandes entreprises, nous n'avons pas moins occasion de les admirer dans la dex-

térité & l'habileté merveilleuſe de leurs Artiſtes dans des entrepriſes d'une eſpèce toute oppoſée. Leurs travaux en petit méritent auſſi notre attention ; Archytas, qui vivoit du temps de Platon, eſt célèbre dans l'Antiquité par *ſa colombe artificielle de bois, qui imitoit le vol d'une colombe vivante* (a). Cicéron, ſuivant le rapport de Pline, avoit vu *toute l'Iliade d'Homère écrite d'un caractère ſi fin, qu'elle pouvoit étre contenue dans une coque de noix* (b) ; & Elien parle d'un certain Mymécides, Miléſien, & de Callicrate, Lacédémonien, dont le premier avoit fait *un chariot d'ivoire, ſi petit & ſi*

______

(a) Ἀρχύτας Ταραντῖνος φιλόσοφος ἅμα καὶ μηχανικὸς ἂν ἐποίησε περιστερὰν ξυλίνην πετομένην, ἥτις εἴποτε καθίσειεν, οὐκέτι ἀνίστατο. Libet Favorini verba ponere : Archytas Tarentinus, Philoſophus ſimul & Mechanicus, fabricavit Columbam ligneam volantem, quæ ſi aliquandò conſideret, ampliùs non exurgebat. *A. Gellius, Lib.* 10. *cap.* 12. » Archytas étoit » du temps de Platon, puiſqu'ils s'écrivoient. Voy. *Diog. Laert. Liv. 8, Sect.* 80.

(b) In nuce incluſam Iliada Homeri carmen in membranâ ſcriptum tradidit Cicero. *Plin. Hiſt. Natural. Lib.* 7, *cap.* 11.

délicatement travaillé, qu'une mouche pouvoit le couvrir de ses aîles, ainsi qu'un petit vaisseau d'ivoire de la même grandeur ; & Callicrate faisoit des fourmis & autres petits animaux d'ivoire, si extrêmement petits, que l'on pouvoit à peine en discerner les parties (*a*). Elien dit aussi dans le même endroit qu'un de ces Artistes écrivoit en lettres d'or un distique qu'il faisoit tenir dans l'enveloppe d'un grain de bled.

262. Il me semble qu'il seroit assez inutile d'entreprendre de faire voir que les Anciens ont eu la prééminence sur les Modernes dans l'Architecture, la Gravure (*b*), On convient assez de la supériorité des Anciens dans ce qui regarde les beaux arts & l'éloquence.

(*a*) Ταῦτα ἄρα ἐσὶ τὰ θαυμαζόμενα Μυρμηκίδυ τῦ Μιλησίυ, καὶ Καλλικράτυς τῦ Λακεδαιμονίυ, τὰ μικρὰ ἔργα. τέθριππα μὲν ἐποίησαν ὑπὸ μύιας καλυπτόμενα, καὶ ἐν σησάμῳ δίστιχον ἐλεγεῖον χρυσοῖς γράμμασιν ἐπέγραψαν. Hæc sunt opera Myrmecidæ Milesii, & Callicratis Lacedæmonii, quæ propter nimiam exilitatem in admiratione habentur. Quadrigas fecerunt, quæ sub muscâ possent abscondi, & in sesamo distichon elegeum literis aureis inscripserunt. *Ælianus, variis Hist. Lib. 1, cap. 17.*

(*b*) » Nos Graveurs n'approchent point encore » de la beauté des gravures des anciens Artistes,

la Sculpture, la Médecine, la Poësie, l'É-
loquence, l'Histoire, &c. Il ne paroît pas
jusqu'ici que les Modernes veuillent la leur
disputer. Au contraire, toute leur ambi-
tion se borne à les suivre & les imiter
dans ces branches de sçavoir ; & en effet,
jusqu'à ce que nous ayons produit des poë-
tes qui puissent être comparés à Homère,
Horace & Virgile ; des Orateurs qui mar-
chent d'un pas égal avec Démosthène &
Cicéron ; des Historiens, tels que Thucy-
dide, Xénophon, Tacite & Tite-Live ;
des Médecins comme Hippocrate & Galien ; des Sculpteurs semblables à Phidias,
Polyclete & Praxytele ; des Architectes qui
élèvent des édifices tels que ceux dont les
ruines font encore le sujet de notre admiration ; jusqu'à ce que nous ayons, dis-je,
des hommes que nous puissions comparer
aux Anciens sur ces points, nous aurons
assez de modestie pour leur accorder la supériorité à cet égard.

---

 dont il nous reste les pierres fines si recherchées
 pour la beauté & la finesse de l'exécution.

Fin de la troisième Partie.

QUATRIÈME

QUATRIÉME PARTIE.

De Dieu et de l'Ame; du Temps, de l'Espace; de la formation du Monde, et de la Création de la Matière; et Conclusion.

QUATRIEME PARTIE.

CHAPITRE PREMIER.

DE DIEU.

263. LES plus célèbres philosophes parmi les Anciens ont eu des idées très-saines d'un Être suprême : si quelques-uns en ont nié l'existence, c'étoit parce que, sentant les absurdités qui naissoient du dogme de la pluralité des Dieux , ils se croyoient obligés à s'opposer à ses progrès. Mais ils ne travailloient à détruire une doctrine aussi injurieuse à la Divinité que pour mieux établir celle qu'ils enseignoient sur la nature d'un Être éternel (a), incorpo-

Les Anciens ont eu des idées saines de la Divinité.

(a) Πολλὰ μάλ' ὡς ἀγένητον ἐὸν, κỳ ἀνώλεθρόν ἐστιν,

Οὖλον μουνογενές τε, κỳ ἀτρεμὲς, ἠ δ' ἀγένητον.

Est is & ingenitus, nec in illum mors cadit ulla,

Unigena est, totusque, & semper, firmus, & ortûs

Expers. *Parmenides , in sophistâ Platonis apud Clem. Alex. V. strom. p. 603.*

rel (*a*), se suffisant à lui-même (*b*), parfaitement bon (*c*), infini (*d*), immua-

---

Dii semper fuerunt, & nati nunquàm sunt, siqui-
dem æterni sunt futuri. *Cic.* 1 *de Nat. Deor. Sect.*
123. *pag.* 196. *Voy. Clem. Alex. loc. cit. & seq.*

Πρεσβύτατον τῶν ὄντων, Θεός· ἀγέννητον γ̄. Antiquissi-
mum eorum omnium, quæ sunt, Deus; ingenitus
enim. *Dicebat Thales in Laert. Lib.* 1 , *Sect.* 35.

(*a*) Εἷς Θεὸς ἔν τε θεοῖσι κ̀ ἀνθρώποισι μέγιστος,

Οὔ τι δέμας θνητοῖσιν ὁμοίιος, οὐδὲ νόημα.

Maximus in genere & Divûm, atque hominum

Deus unus ;

Qui nec corpore, nec mente est mortalibus ullis
Assimilis. *Xenophan. ap. Clement. V. Strom.*
pag. 601.

(*b*) Ἀπροσδεὴς ἁπλῶς ὁ Θεός. Nullius indiget Deus.
Plutarch. in Catone maj. fin. p. 354. *F.*

Omnis enim per se divûm natura necesse est
Immortali ævo summâ cum pace fruatur,
Semota à nostris rebus, sejunctaque longè.
Nam privata dolore omni, privata periclis,
Ipsa suis pollens opibus, nihil indiga nostris.

Lucr. Lib. 1 , *v.* 57.

(*c*) Ἀγαθὸς δὲ ὁ Θεὸς τῷ ὄντι τε, καὶ λεκτέον οὕτω.
Bonus ipse Deus reverà est, & ita dicendum. *Plato*
11. *de Rep. p.* 379. *B. & in Timæo.*

(*d*) *De Deo dicit Poëta Agrigentinus Empedocles*
apud Clem. Alex. Lib. 5 , *Strom. p.* 587.

ble (*a*), immobile (*b*), impaffible (*c*),
immortel (*d*), ineffable (*e*), omnifcient (*f*),

Οὐκ ἔστι πελάσασθαι ἐν ὀφθαλμοῖσιν ἐφικτὸν
Ἡμετέροις, ἢ χερσὶ λαβεῖν. ἥπέρ τε μεγίστη
Πειθὼς ἀνθρώποισιν ἀμαξιτὸς εἰς φρένα πίπτει.

Illum non oculis noftris apprendere fas eft ;
Aut manibus : via, quæ reverà eft maxima,
    mentes
Ut credant hominum, quæ non deducere poffit.

(*a*) Ἀδύνατον καὶ θεῷ ἐθέλειν αὐτὸν ἀλλοιῶν. Impoffibile Deum mutare fe velle, &c. *Plato II. de Rep.*
p. 381. C.

(*b*) *Plato in Parmenid. tom.* 3, *p.* 138. vocat
Deum five unum immobilem, ἀκίνητον. 139. A. *Jam-*
blicus de Myſteriis, p. 15. *Edit. Tornafium-Alci-*
noüs in Platonem ἐνεργεῖ ᾗ ἀκίνητος αὐτὸς ὤν.

(*c*) Δόγμα μὲν τῶν φιλοσόφων, ἀπαθὶς εἶναι τὸ θεῖον.
Philofophorum dogma eft, nullis paffionibus ob-
noxium effe Deum. *Sext. Empir. I. Pyrrh. Hypoth.*
Sect. 225. *Plato in Epimonide, p.* 985. *A. B.*

(*d*) Xenophanes Ægyptiis præcipiebat, fi Ofirin
mortalem crederent, ne eum colerent; fi Deum,
ne deplorarent. *Plutarch. in Amatorio, p.* 763. *D.*
tom. 2.

(*e*) Illum quidem quafi parentem hujus univer-
fitatis invenire, difficile; & cùm jam inveneris,
indicare in vulgus, nefas. *Plato in Timæo. tom.* 3.
pag. 28.

(*f*) Eft profectò Deus, qui quæ nos gerimus, au-

auteur du bien (*a*) ; le principe , la caufe &
la fin de tout ce qui exifte (*b*) ; domi-
nant (*c*) , gouvernant ce monde qu'il a
créé (*d*) ; enfin, tout-puiffant (*e*) , & heureux (*f*).

---

ditque , & videt. *Plautus captiv.* 11. 2. 62.

Ἔστι μέγας ἐν ὀρανῷ

Ζεύς, ὃς ἐφορᾷ πάντα καὶ κρατύνει.

Eft magnus in cœlo

Jupiter, qui intuetur omnia , & gubernat.

Sophocl. in Electrâ. v. 174.

(*a*) Nam cùm conftituiffet Deus bonis omnibus
explere mundum , mali nihil admifcere , quidquid
erat , quod in cernendi fenfum caderet , id fibi
affumpfit... fas autem nec eft , nec unquàm fuit
quicquam nifi pulcherrimum facere cum , qui fit
optimus. *Plato in Timæo , p.* 30. *A. B.*

(*b*) *Arift. Metaph. L.* 2 *, c.* 2... *Plato in Timæo...*
Proclus , Theol. Platonis , L. 3. *cap.* 21.

(*c*) *Theognydis , v.* 373 *& feq. Maxim. Tyr.*
diff. 1 *, pag.* 5.

(*d*) *Horatius , Lib.* 1 *, Carm. od.* 12. *v.* 13... *Op-*
pianus de Pifcat. Lib. 2 *, v.* 3.

(*e*) Facile eft omnia poffe Deo. *Ovid. I. de arte ,*
v. 564.

Immenfa eft , finemque potentia cœli

Non habet , & quidquid fuperi voluêre per-
actum eft. *Idem,* VIII. *Metamorph.* v. 620.

(*f*) *Ariftot. de Cælo , Lib.* 1 *, cap.* 9.

264. Ce feroit une entreprife auffi difficile que fuperflue de vouloir rapporter ici tous les paffages des Anciens qui prouvent ces vérités ; je me contenterai d'en avoir indiqué le plus grand nombre avec exactitude, & de mettre feulement ici fous les yeux du lecteur quelques-uns des plus frappans.

265. Cicéron croyoit fermement (*a*), qu'il n'y avoit pas de nation fi barbare & fi fauvage qui n'eût quelque connoiffance de Dieu : il dit que plufieurs en avoient une idée injurieufe, à la vérité, par le vice de leur éducation ; mais que cependant toutes s'accordoient à reconnoître une

Impoffible de rapporter tout ce qu'ils ont dit fur ce fujet de raifonnable.

Sentiment de Cicéron fur l'exiftence de Dieu,

(*a*) Ut porrò firmiffimum hoc afferri videtur, cur Deos effe credamus, quòd nulla gens tam fera, nemo omnium tam fit immanis, cujus mentem non imbuerit Deorum opinio. Multi de Diis prava fentiunt : id enim vitiofo more effici folet ; omnes tamen effe vim, & naturam divinam cenfent. Nec verò id collocutio hominum, aut confenfus efficit, non inftitutis opinio eft confirmata, non legibus. Omni autem in re confenfio omnium gentium lex naturæ putanda eft. *Cicer. Tufcul.* 1, *pag. 112.*

Divinité : il remarquoit de plus que cette opinion n'étoit point la suite d'un arrangement pris entre les hommes , après des conférences là-deſſus ; que ce n'étoit point une opinion fondée ſur le conſentement univerſel de toutes les nations : & dans un autre endroit il dit qu'il n'y avoit point de peuple ſi féroce & ſi barbare, qui ne reconnût la néceſſité d'admettre un Dieu , quoiqu'il ignorât quel il étoit , & comment il convenoit de le ſervir (*a*).

De Sénèque;　266. Sénèque , afin de prouver l'exiſtence d'un Dieu , formoit un argument tiré de l'opinion empreinte chez tous les hommes de cette exiſtence ; & diſoit qu'*il ne s'étoit jamais trouvé de nation aſſez dépravée & perdue pour refuſer d'admettre l'exiſtence des Dieux* (*b*).

(*a*) Ipſiſque in hominibus nulla gens eſt , neque tam immanſueta , neque tam fera , quæ non etiamſi ignoret qualem habere Deum deceat , tamen habendum ſciat. *Idem* , *de leg.* L. 1 , *p. 315.*

(*b*) Apud nos veritatis argumentum eſt aliquid omnibus videri tanquàm Deos eſſe , inter alia ſic colligimus , quòd omnibus de Diis opinio inſita

267. Socrate enseignoit dans Phædon, non-seulement que Dieu étoit bon (a), mais qu'il étoit la bonté même ; *qu'il n'étoit sujet à aucun changement ; toujours un, toujours égal, & ne pouvoit souffrir aucune altération.*

268. Socrate & Platon (b) disoient que Dieu étoit un ; sans commencement, *spi-*

---

est, nec ulla gens usquàm est adeò extra leges, moresque projecta, ut non aliquos Deos credat. *Senec. Epist.* 117. *p.* 494.

(a) Ἀυτὸ τὸ ἴσον, αὐτὸ τὸ καλὸν, αὐτὸ ἕκαςον, ὃ ἐςι τὸ ὂν μήποτε μεταβολὴν κ̀ ἐνπνοῦν ἐνδέχεται ; ἢ ἀεὶ αὗ τῶν ἕκαςον, ὃ ἐςι μονοειδὲς ὂν, αὐτὸ καθ' αὐτὸ ὡσαύτως κατὰ ταυτὰ ἔχει, κỳ οὐδέποτε οὐδαμῆ οὐδαμᾶς ἀλλοίωσιν ἐδεμίαν ἐνδίχεται. Ipsum nimirùm æquale, ipsum pulchrum, ipsum singulum (id est, id quod reverà existit) nunquàmne ullam mutationem suscipit? aut certè, ipsorum unumquodque, quod nimirùm est uniforme, illud, quod reverà existit, ipsum per se ipsum similiter eodem modo habet, & nunquàm usquàm ullo modo ullam alterationem suscipit? *Phædo. tom.* 1, *p.* 78. D.

(b) Σωκράτης, κ̀ Πλάτων τὸ ἕν τὸ μονοφυὲς, κ̀ αὐτοφυὲς, τὸ μοναδικὸν, τὸ ὄντως ἀγαθόν. πάντα ἢ τὰ τῶν ὀνομάτων εἰς τὸν νοῦν σπεύδει. νοῦς ἂν ὁ θεὸς, χωριςὸν εἶδος, τουτέςι τὸ ἀμιγὲς πάσης ὕλης, μηδενὶ παθητὸ

rituel, *dégagé de toute matiere*, & de toute chofe paffible. Théodoret (*a*) dit que Dieu ne peut être apperçu par les yeux, ni être comparé à quoi que ce foit de vifible, & qu'ainfi il étoit impoffible d'apprendre à le reconnoître par une repréfentation.

Platon conforme à Moyfe.

269. Platon (*b*), dans le Timée, donne de Dieu la même définition que Moyfe, en l'appellant : *Celui qui eft toujours.*

Définition de Dieu par Speufippe.

270. Speufippe (*c*), dans le livre des définitions, attribué à Platon, définit Dieu

---

συμπεπλεγμένον. Socrates, & Plato Deum effe dixerunt aliquid unum, unigenitum, à fe ipfo genitum, fingulare, verè bonum : fingula verò hæc nomina ad mentem diriguntur. Itaque Deus eft mens, feparata forma, hoc eft, ab omni materiâ fecreta, nullique patibili rei permixta. *Plutarch. de Placitis Philof. Lib.* 1. *cap.* 7. *p.* 25.

(*a*) Ἀπὸ εἰκόνος ἐν γνωρίζεται, ὀφθαλμοῖς οὐχ ὁρᾶται, ἐδενὶ ἔοικε. Διόπερ αὐτὸν ἐδεὶς ἐκμαθεῖν ἐξ εἰκόνος δυνάται. *Theodoret. Therapeutic. tom.* 4, *pag.* 477. I. *Orat. de fide.*

(*b*) Πᾶς ὄντως ἀεὶ λογισμὸς Θεῦ. Deus ille, qui femper eft. *Platon. Tim. tom.* 3. *p.* 34, 37.

(*c*) Θεὸς, ζῶον ἀθάνατον, αὐταρκες πρὸς εὐδαιμονίαν· εσία ἀΐδιος, τῆς ἰἀγαθοῦ φύσεως αἰτία. Deus immortalis, fe ipfo contentus ad felicitatem ; effentia fempiter-

un Être immortel, trouvant sa félicité en lui-même, d'une essence éternelle, & l'auteur de tout le bien qui est dans la Nature.

271. Platon (*a*) admettoit comme une conséquence naturelle l'imperfection dans les corps, & en inféroit que les corps avoient eu un commencement ; ce qui confirme fort bien tout ce qu'il dit sur l'éternité d'un Dieu incorporel.

272. Il y a un passage dans Aristote, dans lequel il s'exprime, en parlant de Dieu, dans les mêmes termes qu'auroit pu faire un des Peres de l'Eglise : il dit (*b*)

Autre passage de Platon.

Sentiment d'Aristote sur la nature de Dieu, suivi de Cicéron.

---

na, naturæ boni causa. *Speusippi Definitiones ad calcem Platonis*, tom. 3, pag. 421.

(*a*) Ὁρατὸς γὰρ, ἁπτός τι ἐστι, καὶ σῶμα ἴχαν... σωματοειδὲς δὴ καὶ ὁρατὸν, ἁπτόν τε δεῖ τὸ γενόμενον εἶναι. Factus est (inquit), quandoquidem cernitur, & tangitur, & corpus habet... Corporeum autem, & aspectabile, itemque tractabile omne necesse est esse, quod natum est. *Platonis Tim. pag.* 28. *B. &* 31. *B.*

(*b*) Ὅτι μὲν οὖν ἐστιν οὐσία τις ἀΐδιος, καὶ ἀκίνητος, καὶ κεχωρισμένη τῶν αἰσθητῶν, φανερὸν ἐκ τῶν εἰρημένων· δέδεικται δὲ, καὶ ὅτι μέγεθος οὐδὲν ἐνδέχεται ἔχειν ταύτην τὴν οὐσίαν, ἀλλὰ ἀμερὴς καὶ ἀδιαίρετός ἐστι. Quòd itaque est

que *Dieu est une substance éternelle, immobile, séparée de tout ce qui peut tomber sous les sens, qui n'a aucune étendue, & par conséquent est indivisible ;* & Cicéron s'exprime aussi dans les mêmes termes (*a*).

273. Je conclurai cet article par un beau passage de Plutarque que je donne ici dans les propres termes d'Amyot (*b*) :

Beau passage de Plutarque.

---

quædam æterna, immobilisque substantia, & à sensibus separata, constat ex dictis. Ostensum autem est, quòd nec ullam magnitudinem possibile est hanc substantiam habere, verùm impartibilis, indivisibilisque est.

(*a*) Nec verò Deus ipse qui intelligitur à nobis, alio modo intelligi potest, nisi mens soluta quædam & libera, *segregata ab omni concretione mortali.* Tuscul. 1. c. 27. L'abbé Olivet appelle ce trait de Cicéron *le fléau des Matérialistes.*

(*b*) Ὁ δὲ ταὐτὰ τῷ μετροῦντι πέπονθεν, ᾗ μέτρον μὲν ἡ φύσις, οὐδὲν αὐτῆς μέρος οὐδὲ ὂν ἐστιν, ἀλλὰ γινόμενα πάντα καὶ φθειρόμενα κατ' αὐτὴν πρὸς τὸν χρόνον συνεμίχη. ὅθεν οὐδ' ὅσιόν ἐστιν οὐδὲν τὸ ὄντος λέγει ὡς ἦν, ἢ ἔσται. Ταῦτα γὰρ ἐγκλίσεις τινές εἰσι καὶ μεταβάσεις καὶ παραλλάξεις, τῷ μένειν ἐν τῷ εἶναι μὴ πεφυκότος. ἀλλ' ἔστιν ὁ θεός, χρὴ φάναι, καὶ ἔστι κατ' οὐδένα χρόνον, ἀλλὰ κατὰ τὸν αἰῶνα τὸν ἀκίνητον, καὶ ἄχρονον, καὶ ἀνέγκλιτον. καὶ οὐ πρότερον οὐδέν ἐστιν, οὐδ' ὕστερον, οὐδὲ νεώτερον. ἀλλ' εἷς ὢν ἑνὶ τῷ νῦν

» Par quoi il faut conclure que Dieu eſt ;
» & qu'il eſt, non point ſelon aucune me-
» ſure de temps, mais ſelon une éternité
» immuable & immobile , non meſurée
» par temps , ni ſujette à aucune déclinai-
» ſon; devant lequel rien n'eſt , ni ne ſera

τὸ ἀεὶ πεπληρωκε , ϰ) μόνον ἐςι τὸ ϰατὰ τοῦτον ὄν]ως ὄν,
ὃ γιγονὸς , οὐδ' ἐσόμενον , οὐδ]' ἀρξάμϑμον, οὐδὶ παυσόμενον.
οὕτως αὐτὶ δεῖ σεϐομϑμους ἀσπάζεϑαι ϰαὶ πϱοσιϑίζειν.

Quòd ſi idem accidit naturæ , quam tempore
metimur , quod menſuræ ejus ; ipſa quoque nihil
eſt permanens, nihil ens , ſed omnia ſunt fientia,
& intereuntia , juxta eorum cum tempore compa-
rationem. Itaque de eo , quod eſt , non licet dicere
fuiſſe id , aut fore ; quæ verba inclinationem ſigni-
ficant , atque diſceſſum, & mutationem , quæ locum in eo , quod eſt , non habet. Deus autem , ſi
ita dicendum ſit , eſt , & eſt nullâ ratione temporis,
ſed æternitatis immobilis , tempore , & inclina-
tione carentis : in quâ nihil prius eſt , nihil poſte-
rius , nihil futurum , nihil præteritum , nihil anti-
quius , nihil recentius , ſed una cum ſit, unico nunc
ſempiternam implet durationem , & hujus ratione,
quod eſſe dicitur , verè eſt , non futurum , non præteritum , neque orſum , neque deſiturum. Sic itaque
Deus nobis eſt venerationis ſtudio ſalutandus , atque compellandus. *Plutarch. de e Delph. tom.* 2,
p. 393. *A.*

» après, ni plus nouveau, ou plus récent;
» mais un réellement étant; qui par un
» seul *maintenant* emplit le *toûjours*, & n'y
» a rien qui véritablement soit que lui seul,
» sans qu'on puisse dire, il a été, ou il
» sera; sans commencement & sans fin.
» Il en appelle ensuite à tous les hommes,
» pour sçavoir si aucun a jamais avancé que
» Dieu ait été engendré, & qu'il puisse
» périr (a).

(a) Φθαρτὸν ἢ κ γεννητὸν οὐδεὶς, ὡς ἔπος εἰπεῖν, διανοεῖται Θεόν. Interitui autem obnoxium, & natum nemo ferè cogitavit esse Deum. *Idem, de Stoicor. Repugn.* tom. 2. p. 1051. *E. F.*

CHAPITRE II.
DE L'AME.

274. CE Chapitre pourroit être cru inu- tile, y ayant peu de perfonnes verfées dans la lecture des Anciens, qui ne leur rendent la juftice de croire qu'ils ont connu la nature de l'ame & fon immortalité ; cependant, comme on ne convient pas toujours de la pureté de leur doctrine fur la fpiritualité de l'ame, il ne fera pas mal-à-propos d'en dire ici deux mots, & de faire voir qu'ils avoient, à cet égard, des idées auffi faines & auffi juftes, que la morale la plus févère & la philofophie la plus rigoureufe pouvoient l'exiger.

Les Anciens ont eu des idées juftes de l'ame.

275. Cicéron difoit (a) qu'*à moins d'être ftupide, on ne pouvoit douter que l'ame pût*

Sentiment de Cicéron ;

(a) In animi autem cognitione dubitare non poffumus, nifi planè in Phyficis plumbei fumus, quin nihil fit animis admixtum, nihil concretum, nihil copulatum, nihil coagmentatum, nihil duplex ; quod cùm ita fit, certe nec fecerni, nec dividi, nec diftrahi poteft, nec interire igitur. *Cic. Tufc. Quæft. 1. p. 119.*

souffrir aucun mélange, aucune compofition, aucune liaifon ou affemblage de parties; & qu'ainfi elle ne pouvoit être féparée, divifée, ni par conféquent être détruite.

276. Et Ariftote (a) foutenoit de même qu'il étoit néceffaire d'admettre avec Anaxagore, que *ce qui comprenoit toutes chofes ne fouffroit point de mélange, afin de pouvoir contenir & connoître tout;* & qu'il étoit par-là conforme à la raifon que *l'ame n'eût rien de corporel en elle.*

277. Platon a parlé de la nature de l'ame mieux qu'aucun philofophe parmi les Anciens. Ses écrits fourmillent de peintures admirables des facultés de l'ame. Dans un endroit de fon Epinomis (b), il dit qu'une

____

(a) Ἀνάγκη ἄρα ἰπεὶ πάντα νοῖι, ἀμιγῆ ἶναι, ἄσπέρ φησιν Ἀναξαγόρας, ἵνα κρατῆ. τοῦτο δ' ἐσὶν, ἵνα γνωρίζη. Neceffe eft igitur eum, qui omnia intelligit, effe non mixtum, ficut ait Anaxagoras, ut fuperet, hoc autem eft, ut cognofcat. *Arift. de animâ, t.* 1. *l.* ij. *c.* 1. *p.* 630, *& lib.* iij. *c.* 1. *p.* 652. E. *& p.* 653. *A.* Διὸ ἰυδὶ μεμίχθαι ἔυλογον αὐτὸν τῷ σώμχτι. Idcircò non eft rationi confentaneum eum effe mixtum cum corpore.

(b) Τὸ ϳ λέγομδυ πάλιν (οὐ ϒδ ἄπαξ ῥητίον) ἀοράτῳ τε εἶναι ϗ γιγνώσκοντι, νοητῷ τε, μνήμῃ μεταλαβόντι λο-

de

de ſes principales propriétés eſt de ne point
tomber ſous les ſens, & de ne pouvoir être
connue que par l'entendement ; & qu'elle
a la faculté de comprendre & de connoître
toutes choſes. Dans un autre endroit, il
dit (a) que l'ame differe du corps en ce
qu'elle eſt douée d'entendement ; & que le
corps n'eſt la cauſe d'aucune affection,
mais qu'elles ſe trouvent toutes dans l'ame.

278. Le même auteur a enſeigné par-lequel admettoit les
peines & les
récompen-
ſes.

γισμοῦ τε ἐν περιτταῖς τε καὶ ἀρτίαις ἀμφιμεταβολαῖς· πέντε
ὄυν ὄντων τῶν σωμάτων, πῦρ χρὴ φάναι καὶ ὕδωρ εἶναι.

Animi verò generi (nullum enim incommodum
eſt, bis idem dici) proprium, & peculiare eſt, ut
ſub aſpectum minimè cadat, intelligentiâ perci-
piatur ; & ipſe vim habeat cognoſcendi, atque
percipiendi res ipſas, memoriæ, & ratiocinationis
in ipſis imparibus, paribuſve mutationibus particeps. *Plato, in Epinomide, p. 981. C.*

(a) Διαφέρειν ἢ ψυχὴν σώματος. ἔμφρον μὲν
ἢ, ἄφρον θησόμεν· ἄρχον ἢ, τὸ ἢ ἀρχόμενον· καὶ τὶ μὲν
αἴτιον ἁπάντων, τὸ ἢ, ἀναίτιον πάσης πάθης.

Animum verò ita differre à corpore, quòd ille
mente ſit præditus, hoc verò careat : ille domine-
tur, hoc ſubjiciatur : hoc nullam ullius affectionis
cauſam præbeat, ille omnium ſit cauſa. *Plato, in
Epinomide, p. 983. D.*

Tome II. N

tout l'immortalité de l'ame (*a*), *laquelle devoit, difoit-il, paroître devant Dieu pour rendre compte de fes actions* (*b*).

Sentiment
de Plutarque.

279. Plutarque (*c*), qui a fuivi Platon dans la plûpart de fes opinions, difoit

---

(*a*) Ὀυκοῦν καὶ νῦν περὶ τῆς ἀθανάτε, εἰ μὲν ἡμῖν ὁμολογῆται καὶ ἀνώλιθρον εἶναι, ψυχὴ ἂν εἴη, πρὸς τῷ ἀθάνατος εἶναι, ⓒ ἀνώλιθρος. Ergò nunc & de immortali, fiquidem inter nos convenit illud ab omni exitio liberum, atque immune effe, conficitur animam etiam immortalem, & ab omni exitio liberam effe, atque immunem. *Platon. Phædon. tom.* 1. *p.* 100. D.

Ὀυκ ἤσθησαι ἔτι ἀθάνατος ἡμῶν ἡ ψυχὴ καὶ ἐδέποτε ἀπόλλυται. Ignorasne immortalem effe noftram animam, & nunquam perituram. *Plato, de Rep. Lib.* x. *tom.* 2. *p.* 608. D.

(*b*) Τὸν ἡ ὄντα ἡμῶν ἕκαστον ὄντως ἀθάνατον εἶναι, ψυχὰς ἱπνομιζόμενον, παρὰ Θεὺς ἄλλους ἀπιίναι δάσοντα λόγον· καθάπερ ὁ νόμος ὁ πάτριος λέγει. Unumquemque noftrûm animum immortalem effe, eumque ad Deos alios proficifci rationem vitæ redditurum : quemadmodùm lex Patria docet. *Idem, de legib. Lib.* 12. *pag.* 959. *tom.* 2. B.

(*c*) Σῶμα μὲν πάντων ἕπεται θανάτῳ περιθανεῖ, ψυχὴ δ' ἔτι λείπεται αἰῶνος εἴδωλον. Omnium corpus tenetur morte pallidâ, mens reftans æternitatis effigiem tenet. *Plut. vit. Romul. tom.* 1, *p.* 35. F. *Vide & de conf. ad Apol. tom.* 2. *pag.* 110.

auſſi que le corps étoit aſſujetti à la mort, mais que l'ame reſtoit, *& portoit avec ſoi l'empreinte de l'éternité.*

280. Ce ſujet me porte à dire un mot ſur l'opinion célèbre de l'ame des bêtes qui a élevé tant de diſputes au ſiècle dernier. Deſcartes ayant défini l'ame une ſubſtance penſante, & concluant, de la ſimplicité de la nature de la penſée, l'immatérialité & l'immortalité de l'ame; il fut obligé, par une ſuite néceſſaire de ſes principes, de refuſer la penſée aux bêtes & de ſoutenir qu'elles n'étoient que des machines : mais outre que l'on a accuſé Deſcartes d'avoir puiſé cette idée dans l'ouvrage de Gomez Pereira, Médecin Eſpagnol, intitulé *Antoniana Margarita*, on peut encore remonter beaucoup plus haut pour découvrir l'origine de cette opinion, qui ſe trouve attribuée à Diogène le Cynique (a), par Plutarque; en effet,

De l'ame des bêtes, & de ce que les Anciens & S. Auguſtin en ont penſé.

____

(a) Διογενης αντὰ διὰ ϳ τὶ τὰ μὲν πυκνότητι, τὰ ϳ πλεοναϲμω τῆς ὑγρατὶ ·ϛ, μ ⸺ διανο εῖϲθαι, μ ·π αἰϲθάνεϲθαι. Diogenes animalia bruta ob craſſitiem, humoriſque abundantiam, aut exceſſum, non intelligere, neque ſentire. *Plutarch. de Placit. Philoſoph* L. 5. c. 20.

il dit que ce philosophe avoit enseigné que
les bêtes n'avoient ni sentiment ni intelligence. On pourroit dire que les raisons
qu'il allègue ne sont pas trop philosophi-
ques, & n'ont aucun rapport avec celles
qui ont conduit Descartes à sa conclusion
du méchanisme des bêtes ; & c'est ce qui
conserveroit encore à Descartes l'honneur
de cette découverte, puisqu'il paroît l'a-
voir trouvée le premier par une méthode
philosophique : mais quoique Diogène,
Aristote (*a*), Cicéron (*b*), Porphyre (*c*),
Proclus (*d*), S. Augustin (*e*) & Macrobe (*f*), chez qui on a cru découvrir les

____

(*a*) *Aristotel. tom.* 1, *in Libro* 1. *Metaphysico-*
rum, cap. 1, *& Lib.* 4. *de Histor. Animal. c.* 8 *&* 9.

(*b*) *Cicero, Tusculan. lib.* 4, *p.* 158. *lin.* 12.

(*c*) *Porphyr. de Abst. ab anim. lib.* 3.

(*d*) *Proclus, in Platon. Philos. lib.* 3, *cap.* 1, *p.*
128. *Edit. Hamb.* 1618. *fol.*

(*e*) Quod autem tibi visum est, non esse animam
in corpore viventis animalis, quanquàm videatur
absurdum, non tamen doctissimi homines, quibus
id placuit, defuerunt, neque nunc arbitror deesse.
S. August. cap. 30 *de quantitate animæ.*

(*f*) *Macrobius in somnium Scipionis, Lib.* 1,
c. 12 *&* 14.

traces de ce paradoxe, ne l'aient point tiré
comme Defcartes de fes véritables principes, il n'en eft pas moins conftant qu'ils
l'ont connu, & même quelquefois foutenu,
comme on peut le voir difcuté de la manière la plus détaillée par Bayle (*a*), &
S. Auguftin difoit pofitivement que c'é-
toit une opinion admife par quelques-uns
des plus fçavans hommes de fon temps.
Ce faint Pere traitant de l'efprit & de
l'ame, parle d'une efpèce d'air ou de
feu, que fa fubtilité dérobe à notre vue,
qu'il appelle efprit corporel, & dont il
dit qu'il donne la vie aux corps par la chaleur intérieure qu'il leur communique : il eft
des corps, dit-il, comme ceux des arbres
& des plantes, auxquels cet efprit fubtil
ne donne fimplement que la vie ; mais fuivant ce Pere de l'Eglife, il en eft d'autres
qu'*il fait vivre & fentir tout enfemble comme
font tous les animaux* (*b*) ; de forte que dans

***

(*a*) *Bayle, article* Pereira, *note* **D.** *I. pag.* 654.
655.

(*b*) Spiritum corporeum voco aërem, vel potiùs
ignem, qui pro fuî ftabilitate videri non poteft.

son sentiment l'ame des bêtes consiste en
un feu subtil qui leur donne la vie, par la
chaleur intérieure qu'il leur communique.
Dans un autre traité ce même Docteur de
l'Eglise enseigne que la vie des bêtes dépend des esprits, lesquels ne sont composés que d'air & du sang de l'animal; il
ajoûte que ces petits corps ne laissent pas
d'être capables de sentiment & de mémoire, mais nullement de pensée; si bien
que la mort du corps les dissipe & les fait
évanouir en l'air (*a*) : sur quoi il faut remarquer que, lorsque S. Augustin dit ici
que les esprits animaux sont capables de
sentiment & de mémoire, il entend par-

***

& corpora inferiùs vegetando vivificat ; quædam
autem vivificat tantùm , & non sensificat, sicut
arbores, & herbas & universa in terrâ germinantia;
quædam autem sensificat , & vegetat , sicut omnia
bruta animalia. *S. August. de Spiritu, & animâ,*
cap. 23.

(*a*) Vita brutorum est Spiritus vitalis constans
de aëre, & sanguine animalis, sed sensibilis, me-
moriam habens, intellectu carens, cum carne mo-
riens, in aëre evanescens. *Idem, de scientiâ vera*
vita, cap. 4.

ler d'un premier degré de sentiment, ce qu'il explique dans le trente-huitième Chapitre du même livre de la connoissance de la véritable vie, en appellant la faculté de sentir du corps *vis ignea*, ou la mobilité & la subtilité de ces esprits qui donne la vie & le sentiment aux bêtes, & leur donne aussi une mémoire, mais une mémoire corporelle, pour ainsi dire ; qui n'est qu'une habitude dans les esprits animaux à se porter vers le cerveau des bêtes, y causer les mêmes impressions, & leur faire produire les mêmes effets : & une preuve qu'il croyoit que ces esprits étoient corporels, & par conséquent incapables de sentiment, dans le sens qu'on le prend ordinairement, c'est qu'il dit que la mort du corps les dissipe & les fait évanouir en l'air. Le même Auteur assure encore autre part que l'ame des bêtes ne consiste que dans le sang (a). Et S. Thomas parlant des opérations des bêtes, disoit qu'elles avoient une disposition à certaines démar-

____

(a) *Idem. Quæstion. in Leviticum. Quæst.* 57.

N iv

ches très-bien ordonnées , très-juftes &
très-conformes à leurs fins ; mais qué cela
venoit de ce que le divin ouvrier les avoit
réglées & ordonnées de la forte (*a*). En
quoi il foutenoit bien clairement l'opinion
que l'on a attribuée à Defcartes , comme
une découverte de ce philofophe. On peut
auffi remonter plus haut pour chercher les
traces de cette opinion , en faifant attention que l'Ecriture-Sainte en plufieurs endroits enfeigne que l'ame des bêtes confiftoit dans leur fang. Gardez-vous bien ,
difoit Moyfe aux Juifs , de manger du
fang ; car le fang des bêtes leur tient lieu
d'ame : c'eft pourquoi vous ne mangerez
pas leur ame avec leur fang (*b*). Or fi l'Au-

(*a*) Habent bruta inclinationem natura'em ad
quofdam ordinatiffimos proceffus , utperè à fummâ
arte ordinatos. *S. Thomas , primâ part. fecund.
Summ. Quæft.* 1 3. *art.* 2.

(*b*) Ne fanguinem edas ; nam fanguis eft ipfa
anima : ne ergò comedas animam cum ipfâ carne.
Deuteron. cap. 2. *v.* 23.

Quia anima carnis in fanguine eft. Anima
enim omnis carnis in fanguine eft ; undè dixi Filiis
Ifraël : fanguinem univerfæ carnis non comedetis ,

teur sacré enseignoit que le sang des bêtes
leur tenoit lieu d'ame, il vouloit donc que
l'on crût que cette ame étoit corporelle,
& par conséquent incapable de sentiment.

___

quia anima carnis in sanguine est. *Levitic. cap.* 17.
v. 11 *&* 14. » On peut ajouter à tout ce qui a été
» dit, les fréquens raisonnemens d'Aristote, ten-
» dans à prouver que les bêtes sont des automates,
» de vraies machines. *Lib. de Spiritu, cap.* 9 au
commencement... *De motu Animal. cap.* 7 au milieu ; *& c.* 8, vers la fin. *Voy.* aussi le Pere Pardies,
de l'ame des Bêtes, *Sect.* 70-80.

CHAPITRE III.

Du Temps & de l'Espace.

Avis parta-gés dans tous les âges sur ces deux points.

281. **L**es questions, qui roulent sur ces deux sujets, ont toujours été accompagnées de si grandes difficultés, qu'elles ont embarrassé les plus célèbres philosophes de tous les siécles ; & on les a vus défendre des sentimens opposés, avec des raisons également fortes de part & d'autre.

Les Scepti-ques nioient l'existence du temps. Leibnitz a suivi Platon & les Pytha-goriciens dans leurs Idées sur le temps ;

282. Les Sceptiques ont nié l'existence réelle du temps & de l'espace : ils maintenoient (*a*) que le temps n'existoit point, & le prouvoient de cette maniere : » Le » passé n'est plus ; le futur n'a pas encore » été ; & la rapidité avec laquelle les cho- » ses de ce monde passent, fait que le pré- » sent se change tellement en passé qu'il ne » peut être compris, ou saisi par l'enten- » dement «. Ils faisoient ainsi du temps

(*a*) *Sextus Empiricus adv. Mathem. Lib.* 10. *pag.* 666, 667 *ad finem, & seq.*

une relation & non une chofe réelle ; & Timée de Locres , & après lui Platon , paroiffent avoir eu la même opinion , quand ils ont dit que Dieu avoit créé le temps. Timée (a) enfeignoit que le temps avoit été conftitué, à la création du monde, fur l'image de l'éternité ; & Platon , que le temps avoit commencé à exifter (b) avec les cieux,

______

(a) Ὁ θεὸς (χρόνον ἐκόσμησε) σὺν κόσμῳ. οὐ γὰρ ἦν πρὸ κόσμῳ ἄστρα· διόπερ οὐδ' ἐνιαυτός, οὐδ' ὡρᾶν περίοδοι, αἷς μετρεῖται ὁ γενατὸς κόσμος οὗτος· εἰκὼν δ' ἐστὶ τῶ ἀγενάτω χρόνω, ὃν αἰῶνα ποταγορεύομες. ὡς γὰρ ποτ' ἀίδιον παράδειγμα τὸν ἰδανικὸν κόσμον, ὅδε ἀρανὸς ἐγεννάθη, οὕτως ὡς πρὸς παράδειγμα τὸν αἰῶνα ὅδε χρόνος σὺν κόσμῳ ἐδαμιουργήθη.

Deus autem tempus cum ipfo mundo ordinavit. Non enim erant aftra ante tempus , neque proindè annus , neque anni tempeftates certis circuitibus diftinctæ , quibus genitum hoc tempus definitur. Eft autem tempus ingeniti temporis imago , quod æternitatem vocamus. Quemadmodùm enim hæc univerfitas ad intelligibilis mundi exemplar creata eft , ita & hoc tempus ad æternitatem , veluti ad exemplar quoddam , cum mundo ab opifice fuit conftitutum. *Timæus Locr. in Platone* , tom. 3, *pag.* 97. D.

(b) Ἡμέρας γὰρ καὶ νύκτας, καὶ μῆνας, καὶ ἐνιαυτοὺς, οὐκ ὄντας πρὶν οὐρανὸν γενέσθαι, κ̄ τότε ἅμα ἐκείνῳ ξυνίστα

& que le cours des aftres en régloit la *(a)*
mefure : ce n'étoit donc, fuivant ces philofophes, *que la durée fucceffive d'une chofe*
changeante, exprimée par Leibnitz, *un or-*
dre de fucceffion entre les créatures, & dans
les idées des êtres intelligens.

auffi bien que Defcartes.

283. Defcartes a.auffi fuivi ces philofophes, lorfqu'il a dit que le temps ou la
durée n'étoient que la manière dans laquelle nous envifageons 'es chofes.

μίμῳ τὴν χϑύεσιν ἀυτῦ μηχανᾶται. Ταῦτα ϳ πάντα μίρος
χρόνου.

Dierum enim, & noctis, & menfium, & annorum, qui non erant antequàm cœlum exftaret,
tunc omninò cum ipfam conftitueret, originem
molitur. Quæ quidem temporis partes funt. *Plato,*
in Timæo, p. 37. *E.* 38. *D.*

(a) Πλάτων ἐυσίαν χρόνου τὴν τῦ ὀυρανῦ κίνησιν. Temporis menfuram, Plato dicebat effe motum cœli.
Γεννητὸν κατὰ ἐπίνοιαν. Plato verò genitum juxtà in-
telligentiam noftram exiftimavit. *Plutarch. de Pla-*
citis Philofoph. Lib. 1. *c.* 2▪

Ἄμα ἀυτὸν τῷ ὀρανῷ γεγονίναι. Plato dixit tempus
cum cœlo genitum effe. *Ariftotel. Natur. Aufcult.*
Lib. 8, *cap.* 1, *p.* 409. *A.*

χρόνος, ἡλίυ κίνησις· μίτρον φορᾶς. Tempus eft
motus folis ; menfura motûs. *Plato, in Speufippi*
Definition.

284. Musfchenbroëk , dans fes Effais de Phyfique, chap. 4, p. 74 & 75 , adopte l'opinion de Leibnitz contre Newton & Clarke, & s'explique là-deffus, en difant » que le temps n'eft pas une chofe qui foit » réelle dans le monde, ou qui fubfifte par » elle-même; ce n'eft que l'idée d'un cer- » tain ordre de chofes , qui fe fuivent con- »tinuellement l'une & l'autre , comme » dans une file, & fans aucune intermif- »fion. Pour fçavoir ce que c'eft que le » temps , il fuffit de faire attention à la » maniere dont nos idées fe fuccèdent con- »tinuellement les unes aux autres : lorf- »qu'on fait enfuite attention à cet enchaî- » nement des idées de notre ame , qui fe » fuivent l'une & l'autre, on fe repréfente » en même temps le nombre de toutes » ces idées qui fe fuccèdent; & de ces deux » idées, de l'ordre dans lequel elles fe fui- »vent, & de leur nombre, on fe forme » une troifième idée, qui nous repréfente » le temps comme une grandeur qui s'au- »gmente continuellement. On voit par-là » que tout cela n'eft qu'idéal ; & nous

Explication de la nature du temps par Musfchen- broëk;

» voyons par ce qui précède, que le temps
» n'eſt pas une ſubſtance ; mais qu'il n'eſt
» autre choſe qu'une idée qui dépend de la
» ſuite des choſes que nous concevons.
» Ainſi s'il n'exiſtoit aucune choſe, il n'y
» auroit auſſi point de temps «. Or un peu
d'attention à ce qu'ont dit les Anciens ſur
ce ſujet nous fera voir que les Modernes
n'ont rien ajoûté à leur doctrine.

donnée de
même long-
temps avant
par Ariſtote.

285. » Ariſtote d'un côté diſoit (*a*) que

(*a*) Ἀλλὰ μὲν ἐδ᾽ ἄνευ γε μεταβολῆς. ὅταν γὰρ αὐτοὶ
μηδὲν μεταβάλλωμεν τὼ διάνοιαν, ἢ λάθωμεν μεταβάλ-
λοντες, ἐ δοκεῖ ἡμῖν γεγονέναι ὁ χρόνος.

At verò nec eſt ſine mutatione : cùm enim ipſi
nihil mutamur cogitatione ; aut, ſi mutemur, non
animadvertimus : tunc non videtur nobis fuiſſe
tempus. *Ariſtotel. Natural. Auſcul. lib. 4, cap. 16,
tom. 1, pag. 366. A B.*

Εἰ δὲ τὸ μὴ οἴεσθαι εἶναι χρόνον τότε συμβαίνει ἡμῖν ὅταν
μὴ ὁρίσωμεν μηδεμίαν μεταβολὴν, ἀλλ᾽ ἐν ἑνὶ κὴ ἀδιαιρέτῳ
φαίνηται ψυχὴ μονή· ὅταν δ᾽ αἰσθώμεθα, κὴ ὁρίσωμεν,
τότε φαμὲν γεγονέναι χρόνον· φανερὸν ὅτι οὐκ ἔστιν ἄνευ κινήσεως κὴ μεταβολῆς ὁ χρόνος· ὅτι μὲν οὖν κτε κίνησις, ἔτε
ἄνευ κινήσεως ὁ χρόνος ἐστι, φανερὸν. Ληπτέον δ, ἐπειδὴ ζη-
τοῦμεν τί ἐστιν ὁ χρόνος, ἀπὸ τοῦτε ἀρχομένοις, τί τῆς κινή-
σεώς ἐστιν· ἅμα γὰρ αἰσθανόμεθα κὴ χρόνου. κὴ γὰρ ἐὰν ᾖ

» le changement continuel des chofes qui
» paffent conftituoit le temps ; & que fi
» nous ne faifions point attention à la fuc-
» ceffion ou au changement de nos idées, il
» n'y auroit point de temps pour nous. Il
» répète dans le même endroit , que le
» temps a un rapport avec le mouvement
» des corps, & que l'attention à ce qui fe
» paffe dans notre efprit eft ce qui feul nous
» donne l'idée du temps ". Leibnitz a dit
après Ariftote , que s'il n'y avoit point de

σκότες , καὶ μηδὲν διὰ τοῦ σώματος πάσχωμεν, κίνησις δὲ
τις ἐν τῇ ψυχῇ ἐνῇ, εὐθὺς ἅμα δοκεῖ τι γεγονέναι , καὶ χρόνος.

Ergò fi tunc nobis accidit , ut non putemus effe
tempus, cùm nullam mutationem diftinguimus ,
fed in uno , & individuo manere videtur ; cùm autem fentimus, ac diftinguimus, tunc dicimus fuiffe
tempus ; perfpicuum eft , non effe tempus fine motu
& mutatione. Patet igitur, tempus nec effe motum,
nec fine mutatione. Quoniam autem quærimus,
quid fit tempus, fumendum eft , hinc facto initio,
quid motionis fit ; fimul enim motionem fentimus,
ac tempus. Nam etiamfi tenebræ fint , & nihil corpore patiamur, motus tamen aliquis in animâ infit ;
confeftim fimul videtur fuiffe etiam aliquod tempus. *Idem, ibidem.*

créatures intelligentes, & que Dieu feul exiftât, il n'y auroit point de temps ; parce que le temps n'étant que l'ordre de la fucceflion des êtres, & cette fucceflion étant immuable par rapport à Dieu, le temps alors n'exifteroit que dans l'intelligence divine comme une poffibilité relative.

Sentiment de Lucrèce. 286. Lucrèce difoit de même que le temps (a) n'étoit qu'un être de raifon, dont nous n'avons point d'idée indépendamment du mouvement.

Idées de Defcartes fur l'efpace & l'étendue prifes de Platon. 287. Defcartes a tiré de Timée de Locres & de Platon, fes idées fur le plein, l'efpace & l'étendue ; il dit que l'efpace (b), & les corps qu'il contient, ne different que

***

(a) Tempus item per fe non eft ; fed rebus ab ipfis
Confequitur fenfus. . . . .
Nec per fe quemquam tempus fentire fatendum eft,
Semotum à rerum motu, placidâque quiete.
Ita Lucretius, l. 1 , v. 460.

(b) Ἅπαντα δ' ὧν τὰ ἐν ἐντί, ἰυδὲν κένεν ἀπολεί-πντα. Omnia igitur plena funt, nec vacui quicquam relinquunt. *Timæus Locr. de fpatio, pag.* 98. E.

dans

dans notre manière de les concevoir ; & que l'étendue en longueur, largeur & profondeur, qui constitue l'espace, est la même que celle qui constitue les corps : car dans l'idée que nous avons du corps, si nous faisons abstraction de toutes ses propriétés, il nous reste toujours l'idée de l'étendue en longueur, largeur & profondeur, laquelle nous avons également, en pensant à l'espace ; soit que nous le concevions vuide, ou contenant les corps.

288. Plutarque exposant la doctrine de Platon sur l'espace, lui fait dire (a) : que le lieu étoit susceptible de recevoir indifféremment toutes sortes de formes, les unes après les autres, & que par cette raison il appelloit la matière, lieu ou espace, Platon exposé par Plutarque ;

(a) Πλάτων τὸ μεταληπτικὸν τῶν εἰδῶν, ὅπερ εἴρηκε μεταφορικῶς τὴν ὕλην, καθάπερ τινα τιθηνὴν, ϰ δεξαμενήν.

Plato locum id esse dixit, quod formas recipere, unamque post aliam assumere potest ; ideòque materiam sic metaphoricè locum vocavit, veluti nutricem quamdam, ac susceptricem. *Plutarch. de Placit. Phil. lib.* 1, c. 19.

Tome II.   O

la regardant comme la mere, & le réceptacle de tous les corps.

& par Sto-
bée.

289. Et Stobée rapporte que Platon (a)
entendoit par l'espace, *ce qui recevoit toutes sortes de formes ;* lequel il appelloit autrement *la matière,* & qu'il regardoit
comme la mere & le réceptacle de toutes
les formes ; c'est pourquoi il n'admettoit
point de vuide.

(a) Πλάτων τόπον εἶναι τό μεταληπτικὸν τῶν εἰδῶν, ὅπερ
εἴρηται μεταφορικῶς τὴν ὕλην, καθάπερ τινὰ τιθήνην καὶ
δεξαμένην· κενὸν δὲ μὴ εἶναι μήτε ἐκτός τοῦ κόσμου μήτε
τῷ κόσμῳ· λέγει γὰρ ἐν τιμαίῳ οὕτως. τῶν δὲ δὴ τεττάρων,
ἐν ὅλον ἕκαστον εἴληφεν ἡ τοῦ κόσμου σύστασις, ἐκ γὰρ πυρὸς
παντὸς ὕδατός τε κ̀ ἀέρος καὶ γῆς συνέστησεν αὐτὸ ὁ συνιστάς.

Plato locum statuit, qui species reciperet, quam
translatè vocavit materiam, tanquam nutricem, &
receptaculum ; vacuum autem nusquàm concedit.
Sic enim ait in Timæo : Earum autem quatuor rerum, quas suprà dixi, sic in omni mundo omnes
partes collatæ sunt, ut nulla pars hujusce generis
excederet extrà, atque in hoc universo inessent genera illa universa. *Stobæus, pag.* 39, 40.

CHAPITRE IV.

De la création du Monde & de la Matière.

290. **F**ORT peu de philosophes dans l'Antiquité ont connu la création de la matière, quoique plusieurs soient convenus que le monde avoit été produit par un être suprême & intelligent. Mais comme la plûpart partoient de ce principe, que *rien ne se fait de rien*, & qu'il répugnoit, d'un autre côté, aux lumieres de leur raison que l'ordre admirable qui règne dans l'univers fût l'effet d'une cause aveugle, ils étoient obligés d'admettre la matière éternelle, mais informe, & arrangée par Dieu, sans faire attention aux inconvéniens où les exposoit un tel systême.

Sentimens des Anciens partagés sur la création de la matière.

291. Xénophane, Parménide, Zénon, Anaxagore, Démocrite & Aristote supposoient la matière éternelle ; mais Hésiode (*a*), Pythagore, Platon, Thalès, Phi-

Enumération des témoignages pour & contre.

(*a*) Ἤ τοι μὲν πρώτιϛα χάος γένετο. Principio quidem factum est chaos. *Hesiod. Gener. Deor. v.* 116.

Iolaüs, Jamblicus, Hierocles & Proclus
ont reconnu, non-feulement que Dieu
avoit établi l'ordre qui règne dans l'Univers; mais même quelques-uns d'eux ont
dit clairement que la matière avoit été
créée de rien, & ils ont défendu cette pro-
pofition par les raifons les plus folides.
Plutarque rapportant les fentimens de Pythagore & de Platon, dit qu'ils croyoient
que le monde (*a*) avoit été engendré ou
produit par Dieu ; que par fa nature il
étoit corruptible, étant matériel & fenfible; mais qu'il ne devoit cependant pas
périr, étant digne de la providence divine
de le conferver.

(*a*) Πυθαγόρας, κỳ Πλάτων γεννητὸν ὑπὸ Θεοῦ τὸν κόσμον,
κỳ φθαρτὸν μὲν, ὅσον ἐπὶ τῇ φύσει, (αἰσθητὸν γὰρ εἶναι
διὰ τὸ σωματικὸν) ὁ μὴν φθειρόμενον γε, προνοίᾳ, κỳ
συνοχῇ Θεοῦ. Pythagoras, & Plato mundum à Deo
genitum, five productum effe dixerunt, ac naturâ
quidem fuâ corruptibilem, cùm corporeus, adeò-
que fenfibilis fit; non effe tamen interiturum, providentiâ, & follicitudine Dei ipfum confervante.
Plutarch. de Placitis, l. 2, cap. 4.

292. Platon, dans son Timée (*a*), a un passage admirable sur ce sujet : » tout ce

----

(*a*) Πᾶν δὲ αὖ τὸ γιγνόμενον, ὑπ' αἰτίου τινὸς ἐξ ἀνάγκης γίγνεσθαι. παντὶ γὰρ ἀδύνατον χωρὶς αἰτίας γένεσιν σχεῖν. Quidquid autem gignitur, ex aliquâ causâ gigni necesse est. Fieri enim|nullo modo potest, ut quicquam sine causâ gignatur, aut fiat. *Plato in Timæo, tom.* 3 *, p.* 28.

Ὁ δὴ πᾶς οὐρανὸς, ἢ κόσμος, ἢ καὶ ἄλλο ὅ, τι ποτὲ ὀνομαζόμενος μάλιστ' ἂν δέχοιτο, τοῦθ' ἡμῖν ὠνομάσθω. σκεπτέον οὖν δὴ περὶ αὐτοῦ πρῶτον, ὅπερ ὑπόκειται περὶ παντὸς ἐν ἀρχῇ δεῖν σκοπεῖν, πότερον ἦν ἀεί, γενέσεως ἀρχὴν ἔχων οὐδεμίαν, ἢ γέγονεν, ἀπ' ἀρχῆς τινος ἀρξάμενος γέγονεν· ὁρατὸς γὰρ, ἁπτός τε ἐστι, καὶ σῶμα ἔχων. πάντα δὲ τὰ τοιαῦτα, αἰσθητά· τὰ δ' αἰσθητά, δόξῃ περιληπτὰ μετ' αἰσθήσεως, γιγνόμενα καὶ γεννητὰ ἐφάνη. τῷ δ' αὖ γενομένῳ φαμὲν ὑπ' αἰτίου τινὸς ἀνάγκην εἶναι γενέσθαι. τὸν μὲν οὖν ποιητὴν καὶ πατέρα τοῦδε τοῦ παντὸς εὑρεῖν τε ἔργον, καὶ εὑρόντα, εἰς πάντας ἀδύνατον λέγειν. Omne igitur cœlum, sive quovis alio vocabulo gaudet, hoc à nobis nuncupetur. De quo id primum|consideremus, quod principio est in omni quæstione considerandum, semperne fuerit, nullo generatus ortu, an vero factus sit, & ab aliquo principio inceperit. Factus est, sive genitus. Quandoquidem cernitur, & tangitur, & corpus habet. Hujusmodi autem omnia sub sensum cadunt, & sensu comprehenduntur. Illa verò, opinione, sensûs ministerio, percipi possunt : atque

» qui eſt produit, dit-il, doit néceſſaire-
» ment l'avoir été par une cauſe, ſans la-
» quelle il eſt abſolument impoſſible que
» quoi que ce ſoit puiſſe être produit. C'eſt
» pourquoi, ajoûte-t-il un peu après, ſi
» nous voulons examiner les choſes, com-
» me elles doivent l'être, dans leur origine;
» & que nous cherchions ſi le monde a tou-
» jours été ſans commencement, ou s'il a
» été produit dans un certain temps, nous
» comprendrons qu'il doit avoir été en-
» gendré, puiſqu'il eſt viſible, palpable &
» matériel, & qu'il tombe ſous nos ſens;
» car les choſes de cette nature, qui peu-
» vent être apperçues par le miniſtere des
» ſens, paroiſſent avoir été faites & engen-
» drées; & nous venons de dire, que tout
» ce qui a pris naiſſance doit néceſſairement
» avoir été produit par quelque cauſe;
» mais il n'en eſt pas de même de celui qui

---

adeò & fieri illa perſpicuum eſt & generata eſſe. Ei
autem, quod natum eſt, diximus à cauſſâ aliquâ
neceſſitatem naſcendi tribui. Atque illum quidem
quaſi parentem hujus Univerſitatis invenire difficile : & quùm jam inveneris, indicare in vulgus
nefas.

» est la cauſe & le créateur de tout : il eſt
» difficile de le concevoir ; & quand l'ima-
» gination pourroit y arriver , il eſt impoſ-
» ſible de le décrire «.

293. Les ſectateurs de Platon , qui ont expliqué l'opinion de leur maître ſur ce dogme , n'ont pas laiſſé le moindre doute ſur ce que je viens d'avancer (*a*) ; Atticus , cité par Euſebe , dit que Platon remonte à Dieu , comme à la ſource de tout ce qui exiſte ; & qu'il eſt le principe , le moyen & la fin de tout.

Atticus Platonicien confirme l'opinion de ſon maître.

294. On trouve pluſieurs paſſages dans le Timée & le Sophiſte de Platon , deſquels on peut conclure que ce grand philoſophe penſoit que Dieu n'avoit pas formé le monde d'une matière éternelle , &

Examen de cette opinion de Platon, ſoutenue auſſi par Hieroclès.

(*a*) Ὁ δὴ Πλάτων εἰς Θεὸν κỳ ἐκ Θεοῦ πάντα ἀνάπτει· φησὶ γὰρ αὐτὸν ἀρχήν τε κỳ μέσα κỳ τελευτὴν τῶν ὄντων ἁπάντων ἔχοντα, εὐθεῖα περαίνειν περιπορευόμενον.

Plato ad Deum omnia revocat, ex eoque nectit omnia : docet enim illum ita rerum omnium principium, media, finemque complecti, ut recta ſemper eaſdem obeundo perficiat. *Atticus Platonicus apud Euſebium Præparation. Evangelic. Lib.* 15. *cap.* 5 *, p.* 798. *Edit. Paris.* 1618.

O iv

qui eût exifté avec lui dans tous les temps, *mais qu'il l'avoit tirée du néant par l'effet feul de fa volonté :* il dit dans le premier de ces Dialogues (a) : » l'exemplaire du monde » eft de toute éternité ; & le monde, ce » monde vifible eft depuis le commence- » ment du temps, & il fubfiftera ainfi tou- » jours unique «. Dans un autre endroit (b), il appelle la matière une maffe qui naît tou- jours & ne meurt jamais ; & quand il l'ap- pelle éternelle, il veut dire qu'elle fub- fiftoit intelligiblement dans l'idée éter- nelle de Dieu, qu'il dit le Pere, le Créa- teur, l'Ouvrier du monde. Comme Créa- teur il entend que Dieu a tiré ce monde du néant ; & comme Ouvrier, qu'il lui a donné l'ordre & l'arrangement. Hieroclès

---

(a) Τὸ μὲν γὰρ δὴ παράδειγμα, πάντα αἰῶνα ἐστὶν ὄν· ὁ δ' αὖ διὰ τέλους τ' ἅπαντα χρόνον γεγονώς τε καὶ ὢν καὶ ἐσόμενος ἐστὶ μόνος. Nam illud exemplar per omne fæculum fuit ; mundus verò per omnes temporis terminos & fuit, & eft, & erit, folus ipfe, atque unus. *Plato in Timæo, tom.* 3 *, pag.* 38. C.

(b) *Idem, pag.* 27. *Voyez auffi toute la page* 28 & 29.

nous eſt un ſûr garant de cette manière d'expliquer Platon ſur ce ſujet. Ce Platonicien célèbre, jaloux de la gloire de ſon maître, ſe plaint du défaut de jugement de quelques-uns de ſes diſciples qui lui faiſoient tort en lui attribuant une opinion ſur la production du monde, ſi contraire à la ſaine raiſon; il leur reproche *de n'avoir pas cru Dieu aſſez puiſſant pour avoir créé le monde*, ſans que la matière incréée, & par conſéquent indépendante de lui, ait concouru à cette production; il obſerve que le bon ordre ſe trouve aſſez dans un être, lorſqu'il exiſte éternellement par lui-même, & que par conſéquent c'eût été en Dieu une diligence ſuperflue que d'avoir voulu arranger ce qu'il n'avoit pas fait. Ne ſeroit-ce pas contre la nature, dit-il, de vouloir ajoûter quelque choſe à un être incréé, & ſubſiſtant par lui-même? & après avoir établi la création de la matière par un raiſonnement auſſi judicieux, il ajoûte que Platon *(a)* avoit cru que Dieu

---

(a) Ὅτι δημιουργὸν Θεόν, φησί, προϋφίστησιν ὁ Πλά-των ἐφεστῶτα πάσης ἐμφανοῦς τε κ̣ ἀφανοῦς διακοσμήσεως,

avoit produit le monde visible & invisible, *en tirant la matière du néant, & que sa volonté seule suffisoit pour faire subsister tous les êtres.* Le passage de Platon, dans le Dialogue du Sophiste (a), est, en effet, des plus précis ; il y parle » de la puissance » créatrice divine, qui donne l'existence

---

ἐκ μηδενὸς προϋποκειμένης κατεσκευασμένης. ἀρχεῖ γὰ τὸ ἐκείνου βούλημα εἰς ὑπόστασιν τῶν ὄντων.

Plato opificem Deum censuit sustinere omnem aspectabilem, & inaspectabilem mundum, nullâ priùs existente materiâ productum. Sufficere enim illius voluntatem ad sustinendum universum. *Photii Bibliothec. in Hieroclem de Providentiâ*, cod. 251, p. 1582.

Quæstion. Alnetan. Huetii, p. 81, 82. *Edit. Venet. in*-4°.

(a) Effectricem illam artem universam diximus esse facultatem, 'quæ nimirùm causa extitit, *cur ea, quæ priùs non essent, posteà existerent.*

Ποιητικὴν δύναμιν, ἥτις ἂν αἰτία γίγνηται τοῖς μὴ πρότερον οὖσιν ὕστερον γίγνεσθαι .... *Plato in Sophistâ*, tom. 1, p. 265. Pagin. integr. & paulò post : alione quopiam quàm à Deo Opifice dicemus posteà fieri, cum priùs non essent ?

» aux choses qui n'existoient point aupara-
» vant, & qui a créé les animaux, les plan-
» tes , & toutes les choses animées &
» inanimées de ce monde , & il distingue
» même cette puissance créatrice divine ,
» d'avec la force de la Nature , qui n'a que
» la faculté d'arranger suivant les loix qui
» lui ont été dictées par le créateur. «

295. Proclus , dans ses institutions théo-
logiques, a attribué (*a*) le même sentiment
à Platon , & dit lui-même , que *la matière
qui est le sujet de toutes choses , est elle-même
produite par l'auteur de toutes choses* ; & dans
son commentaire sur Timée , il appelle
Dieu l'auteur ineffable de la matière.

296. Je ne ne parle point ici de l'opinion de Jamblique , parce que , quoiqu'il

----

(*a*) Τὸ ἢ σῶμα καθ' αὑτὸ, εἰ καὶ τῦ ὄντος μετέχει ψυχῆς
ἀμέτοχόν ἐστι. ἡ μὲν γὰρ ὕλη , ὑποκείμενον οὖσα πάντων
ἐκ τῦ πάντων αἰτίου προῆλθε. Corpus verò per se , quamvis ipsius entis sit particeps , est animæ expers ;
nam ipsa quidem materia , cùm sit subjectum omnium , ex omnium causâ prodiit. *Procli Instieut.
Theol. cap.* 72. *pag.* 447.

Proclus in Timaum. ἄῤῥητος αἰτία τῆς ὕλης.

ait dit que les Égyptiens croyoient que la matière avoit été produite par Dieu, il s'expliquoit là-dessus d'une manière aussi dangereuse que pouvoit l'être l'opinion contraire ; car il disoit qu'il n'étoit pas étonnant (*a*) que les Égyptiens enseignassent que la matière étoit pure & divine, puisqu'elle tiroit sa source du Pere & du Créateur de toutes choses ; la faisant émaner ainsi de Dieu même, dont il disoit, qu'il avoit produit la matière en la séparant de son essentialité.

Autre passage tiré d'un ouvrage attribué à Aristote.

297. Je ne conclurai rien non plus d'un passage tiré d'un ouvrage attribué à Aristote, parce que je ne veux rien avancer

---

(*a*) Μὴ δή τις θαυμαζέτω ἐὰν καὶ ὕλην τινα καθαρὰν καὶ θείαν εἶναι λέγωμεν. ἀπὸ γὰρ τῦ πατρὸς ὲ δημιυργῦ ὕλων κ᾽ αὐτὴ γενομένη. Nec mirum cuiquam videatur, si & materiam aliquam puram, & divinam esse asseramus ; nam ipsa cum ab Opifice, Patreque omnium facta sit. *Jamblicus de Mysteriis, Sect.* 5, *cap.* 23. *pag.* 138.

Ὕλην δὲ παρήγαγεν ὁ Θεὸς ἀπὸ τῆς υσιότητος υπεριςθείσης ὑλότητος. Materiam Deus produxit ex essentiâ dividendo materiam. *Id. Sect.* 8. *cap.* 3. *pag.* 159.

que sur des témoignages authentiques ; cependant cet ouvrage étant encore reçu par quelques Critiques, comme une production de ce philosophe Grec, je le rapporterai ci-dessous (*a*) ; mais je finirai par un passage de Claudianus Mamertus, lequel *cite Philolaüs comme ayant écrit, que Dieu avoit tiré la matière du néant* (*a*),

---

Deus verò caufarum omnium auctor eft ; utpotè qui eas ex nihilo procreavit, intellectuque, ut communi formâ conclufit, quas pro temporis occafione educeret, aliquandò per medium, fecundùm cujufque conditionem, & ordinem, nifi quod una eft alterius interjecta caufa. Deus igitur omnibus caufis hoc præftat, ut & fint, & ex fe res alias procreent ; tantùmque in procreando hoc differunt, quòd ipfe alicujus caufæ auctor eft, fine ullâ aliâ interjectâ. *Ariftotel. de fecretiore parte divinæ fapientiæ fecundùm Ægyptios, tom. 2, lib. 3. cap. 2, pag. 1043.*

(*a*) *Claudianus Mamertus in Biblioth. Patr. Tom. 6, de ftatu animæ. Lib.* 11, *c.* 3, *p.* 1059. & 1060. *A.* citat Philolaüm fic loquentem : Deus quidem ex nihilo fecit omnia, qui ficut opere inftituit, ita materiam incorporavit rebus omnibus inter quas animâ cenfetur. Sicut diftribuit pondus, numerum atque menfuram, ita pofuit quantitatem. » Il

*& l'avoit incorporée à toutes les choses exi-
stantes.*

» semble que Philolaüs ait parlé le langage de l'Au-
» teur du Livre de la Sagesse , *cap.* 11 , *v.* 21. Omnia in mensurâ , & numero & pondere disposuisti ,
Domine.

CHAPITRE V.

Du syſtéme de LEIBNITZ ſur l'Optimiſme & l'origine du Mal.

298. Deux queſtions ont de tout temps intéreſſé la religion & occupé les eſprits de tous les philoſophes, tant payens que chrétiens, je veux dire l'optimiſme & l'origine du mal. La première a ſur-tout pris une nouvelle forme entre les mains de M. de Leibnitz ; la ſeconde & la plus importante, défendue auſſi par le même philoſophe célèbre, a paru triompher avec éclat & ſe préſenter ſous un air de nouveauté, revétue de tous les ſecours que lui a fourni l'habile homme qui l'a reproduite de nos jours. Mais il eſt clair que les principes ſur leſquels M. de Leibnitz appuie les argumens, dont il fait uſage dans ces deux queſtions, ont été ébauchés par les Anciens, & que la ſagacité & la ſubtilité de l'eſprit de l'illuſtre Moderne lui ont fait adopter & développer enſuite ces principes, qu'il

imagina fi propres à fervir la religion pour laquelle il a toujours témoigné le plus grand zèle.

Optimifme dans Timée de Locres, Platon & Plutarque.

299. Leibnitz conclut de la fageffe & de la bonté de Dieu que l'univers eft un ouvrage parfait, ou le meilleur qui ait pu être produit par un être infiniment fage & infiniment bon; il foutient, avec beaucoup d'apparence de raifon, que la fuprême fageffe, jointe en Dieu à une bonté qui n'eft pas moins infinie qu'elle, n'a pu manquer de le porter à choifir de donner l'exiftence à celui de tous les mondes poffibles qui lui a paru le meilleur; & il entend par le meilleur, *celui dans lequel fe trouve la plus grande mefure de bien* (a). Timée de Locres, célèbre Pythagoricien, a le premier [il me femble] fondé cette doctrine; il appelle Dieu la caufe de tous les biens de la Nature, l'origine & la fource du meilleur des mondes, ἀρχήν τε τῶν ἀρίσων, *principium optimarum rerum optimum;* δυμιεργὸς τῶ βελτίονος, *apifex melioris mundi* (b), Créateur du meil-

---

(a) *Leibnitz, Effais de Théodicée.*

(b) Α'ρχην τε των αρίϑων......... δημιεργὸς τῶ βελτίονθ-. Harum rerum, ideft, naturæ bonorum,

leur

leur monde. Il dit que Dieu, ayant conçu
le deſſein de produire la plus parfaite de
ſes productions (*a*), fit ce monde que nous
habitons, le plus parfait & le meilleur poſſible, puiſqu'il tire ſon origine d'une cauſe
infiniment ſage & puiſſante ; enfin un
monde dans lequel il n'y a rien à faire ou
à corriger (*b*), ayant été créé ſur les idées

---

optimum eſſe quoddam rerum optimarum principium, & Deum vocari. ..., ... antequàm igitur
cœlum extaret, ratione erant forma, & materia,
& quidem Deus ille erat melioris opifex. *Timæus
Locrenſis in Platone Serrani , tom. 5 , pag. 93
& 94. C.*

(*a*) Δηλουμένω ὦν ἄριστον γέννημα ποιεῖν, τοῦτον ἐπιλέγει.
Cùm igitur Deus vellet pulcherrimum fœtum pro-
ducere, hunc effecit, &c. *Ibidem , p. 94. E.*

(*b*) Διαμένει ἄρα, τοιόσδε ὢν, ἄφθαρτος κὴ ἀνώλεθρος
κὴ μακάρ. κράτιστος δ' ἰστι γεννᾶται, ἐπεὶ ὑπὸ τῶ κρα-
τίστω αἰτίω ἐγένετο, ἀφορῶντες ἐκ εἰς χειρόκματα παρα-
δείγματα, ἀλλ' εἰς τὰν ἰδέαν κὴ ἰς τὰν νοητὰν οὐσίαν· καθ'
ὥσπερ τὸ γενόμενον ἀπακριβωθὲν, κὰν ἰστὶν τε κὴ ἀπαρεγ-
χείρητον γίγνεται. Permanet igitur mundus conſtan-
ter talis qualis creatus eſt à Deo, optimus rerun.
omnium , quandoquidem ab optimâ cauſâ extitit,
proponente ſibi, non exemplaria quædam manuum
opificio edita, ſed illam ideam, intelligibilemque

Tome II.   P

éternelles & divines, & suivant la suprême raison qui étoit de tout temps en lui. Platon, dont le dialogue intitulé *le Timée*, peut être confidé récomme un Commentaire de l'ouvrage du célèbre Pythagoricien que je viens de citer; Platon, dis-je, a suivi ces mêmes sentimens. Il agite la question de sçavoir, si le monde est parfait, & si celui qui l'a formé est bon; & il décide que l'univers est le plus parfait ouvrage de la meilleure & de la plus excellente cause; créé suivant la raison & la sagesse éternelle (*a*); & un peu plus loin il dit, que l'être infiniment juste & bon *n'a pu manquer de*

---

essentiam, ad quam videlicet cùm res ipsæ exquisitâ quâdam ratione effectæ fuerint, pulcherrimæ extiterunt, & hujusmodi, ut novâ quâdam operâ emendari minimè debeant. *Ibidem.*

(*a*) Ὁ μὲν γὰρ κάλλιστος τῶν γεγονότων, ὁ δὲ ἄριστος τῶν αἰτίων· ὅτω δὴ γεγενημένος, πρὸς τὸ λόγῳ καὶ φρονήσει περιληπτόν. Mundus omnium rerum pulcherrimus, opifex omnium causarum optima, & præstantissima.... Mundus ad id effectus, quod ratione, sapientiâque comprehenditur. *Timæus Platonis,* pag. 29.

choifir le meilleur (a). Leibnitz a appuyé fon fyftême de plufieurs argumens, comme par exemple : que fouvent un mal caufe un bien auquel on ne feroit point arrivé fans ce mal ; que fouvent même deux maux font un grand bien ; qu'une diffonance placée à propos donne du relief à l'harmonie ; qu'on ne goûte pas la douceur de la fanté, fans avoir été malade ; & qu'un peu de mal eft fouvent néceffaire pour nous rendre le bien fenfible, c'eft-à-dire plus grand ; & c'eft ce qui fe trouve répandu dans plufieurs ouvrages de Platon, Plutarque, Aulu-Gelle, & autres Anciens qui ont traité la même queftion. Platon, dans fon Dialogue *de l'immortalité de l'ame*, fait dire à Socrate dans fa prifon, que le plaifir & la douleur s'accordent merveilleufement enfemble & fe rencontrent fouvent dans un même fujet, & que fi quelqu'un éprouve l'un des deux, il faut pref-

---

(a) Θέμις δὲ οὔτ' ἦν οὔτ' ἔςι τῷ ἀρίςῳ δρᾷν ἄλλο πλὴν τὸ κάλλιςον. *Fas autem nec eft, nec unquàm fuit, quicquam nifi pulcherrimè facere eum, qui fit optimus. Timæus Platonis*, p. 30. B.

que toujours qu'il ait auffi néceffairement l'autre, comme fi ces chofes étoient liées naturellement ; & il applique cette maxime au cas où il fe trouvoit lorfqu'on lui ôta les fers qu'il avoit aux pieds ; & affure fes amis que la douleur que la chaîne lui avoit fait fouffrir à la jambe, étoit fuivie d'un très-grand plaifir (a). Un autre Auteur dit auffi que deux poifons fagement adminiftrés fouvent produifent un heureux effet.

Si fata volunt, bina venena juvant.

Plutarque a dit, que dans un tableau, on doit faire fervir les ombres à rehauffer les couleurs ; que l'harmonie eft compofée de chofes contraires ; qu'il en eft des chofes du monde comme dans la mufique, où les voix hautes & baffes, les tons graves &

(a) Quàm, inquit, abfurdum id videtur, quod homines jucundum vocant! quàm verò mirè comparata eft jucundi natura, ut jucundo contrarium effe perfpiciatur ; quòd videlicet utrumque homini unà adeffe nolit! Quòd fi quis alterum perfequatur, & capiat, cogatur ferè & alterum capere, quafi uno capite ambo apta contineantur. *Plato in Phædone,* pag. 60. B.

aigus, mêlés avec art, forment une harmonie parfaite ; & il cite là-dessus Euripide, qui avoit dit que le bien n'étoit jamais séparé du mal (*a*).

300. Monsieur Leibnitz voulant aussi re-

Leibnitz sur l'origine du mal a suivi Platon & sur tout Chrysippe.

___

(*a*) Oportet autem sicut in tabulâ colorem, ita in animo rerum eas, quæ maximè nitent, ac splendent, proponere, iisque tetrica obscurare, & opprimere, quandoquidem omninò deleri, & amoveri non possunt. Ut enim lyræ, aut arcûs nervi, ita mundi quoque concentus vicissitudine quâdam intenditur, ac remittitur : & in rebus humanis nihil sinceri, nihil puri est. Sed quemadmodùm in musicâ soni sunt & graves, & acuti, & in grammaticâ literæ cùm vocales, tùm mutæ ; musicus autem, & grammaticus est qui alterum genus molestè fert, atque fugit, sed qui omnia usurpare, & permiscere arte suâ potest ; ita in rebus quoque humanis cùm sint oppositi invicem ordines, quandò, ut est apud Euripidem :

    Sejungier non possunt à bonis mala :
    Sed est eorum, ut res habeant satis benè,
    Commixtio quædam ;

non debemus in altero animum, & dolorem despondere : verùm harmonicos imitari, & melioribus deteriora obscurando, ac mala bonis occupando, concinnum vitæ, nobisque conveniens temperamentum conficere. *Plut. de animi tranquillit. t. 2. pag.* 473. *F. &* 474.

P iij

monter à la cause ou à l'origine du mal, dit qu'elle doit être cherchée dans la nature idéale de ce qui est créé, & qu'il faut considérer qu'il y a une imperfection originelle dans la créature, parce qu'elle est limitée essentiellement; il dit que le formel du mal n'a point de cause efficiente, mais consiste dans la privation; que Dieu veut tout le bien en soi, *antécédemment*, mais qu'il ne veut que permettre le mal moral, en tant qu'il se trouve lié par une nécessité hypothétique au meilleur; & ce sont encore là les mêmes raisons avec lesquelles les Anciens appuyoient leur opinion. Platon traitant de la création du monde, & recherchant la raison qui avoit pu porter Dieu à lui donner l'existence, pose pour principe que Dieu est la bonté même; que par conséquent il a voulu faire toutes choses semblables à lui; & il ajoûte que *Dieu vouloit que tout fût bien, & qu'il n'y eût rien de mal, autant cependant qu'il étoit possible que cela pût être dans la nature des choses* (a). Dans un autre endroit le mê-

____

(a) Bonitate videlicet præstabat; in bonum au-

me philosophe dit, que Dieu est l'auteur du bien, mais qu'il faut chercher une autre cause du mal que lui (*a*) ; Simplicius, dans son Commentaire sur Epictete, dit que le mal n'a rien de formel (*b*) ; Sallustius le Cynique, que le mal n'est autre chose que l'absence du bien ; de sorte qu'il ne le regarde pas comme quelque chose de positif, mais seulement comme une priva-

---

tem nulla de ullâ unquàm re cadit invidia. Quùm ab illâ igitur liber, & immunis esset, omnia voluit quàm maximè sui similia generari. Hanc gignendi mundi principem, primariamque causam qui è sapientum hominum sententiâ statuerit, rectissimè profectò statuerit. Nam càm constituisset Deus bonis omnibus expleri mundum, *mali nihil admiscere*, quoad naturæ pateretur. Βουληθεὶς γὰρ ὁ θεὸς ἀγαθὰ μὲν πάντα, φλαῦρον ὃ μηδὲν εἶναι κατὰ δύναμιν, &c. *Platonis Timæus., pag.* 29, 30.

(*a*) Καὶ τῶν μὲν ἀγαθῶν οὐδένα ἄλλον αἰτιατέον. τῶν δὲ κακῶν ἀλλ' ἄττα δεῖ ζητεῖν τὰ αἴτια, ἀλλ' οὐ τὸν θεόν. Bonarum quidem rerum nulla alia : malarum autem aliæ quæpiam causæ investigandæ sunt ; sed nullo modo Deus mali auctor existimandus est. *Plato de Repub. Lib.* 2, *pag.* 379. *D.*

(*b*) Οὐδὲ κακὸν φύσει ἐν κόσμῳ εἶναι. *Simplicius in Epictetum, p.* 162.

tion (*a*). Platon fait dire à Socrate, qu'il est impoſſible que le mal ſoit entièrement banni du monde ; que le mal n'habite point parmi les Dieux, mais qu'il accompagne néceſſairement les créatures, & que ce n'eſt qu'en s'efforçant de reſſembler aux Dieux, que l'on peut en quelque façon s'en garantir (*b*). Mais ſur-tout Chryſippe paroît avoir fourni à Leibnitz toute l'idée de ſon ſyſtême ſur l'origine du mal ; du moins il eſt contenu dans un paſſage que nous a conſervé Aulu-Gelle, & tiré d'un ouvrage de ce fameux Stoïcien ſur la Providence. Dans cet ouvrage il examine entre autres

------

(*a*) Κακὴ φύσις οὐκ ἔστιν, ἀπόσια δὲ ἀγαθῶ γίνεται. *Salluſt. de Diis, & mundo, c.* 12 *, p.* 266.

(*b*) At fieri non poteſt, ut ex hominum ſocietate mala funditùs expellantur. Malum tamen inter Deos locum habere minimè putandum eſt : mortalem autem naturam, & hæc noſtra loca neceſſariò ambit, & circumvagatur. Quamobrem danda eſt opera, ut hinc illùc quàm celerrimè fugiamus. Fuga autem eſt, ut Deo quàm proximè fieri poterit aſſimilemur, atque conformemur. ἀλλ' οὔτ' ἀπολέσθαι τὰ κακὰ δυνατόν. *Plato in Theæteto, pag.* 176. *A. B.*

queſtions celle-ci : » Si la providence , qui
» a fait le monde & le genre humain , a
» auſſi fait les maladies auxquelles les hom-
» mes ſont ſujets ; il ſoutient qu'il n'y a
» rien de plus abſurde que de penſer que
» le bien eût pu être dans le monde ſans un
» mélange du mal ; il dit que le mal ſert à
» nous faire connoître le bien , comme l'in-
» juſtice à faire connoître la juſtice , & les
» vices à donner de l'éclat aux vertus con-
» traires « ; il croit que le principal deſſein
de la providence n'a pas été de rendre les
hommes ſujets aux maladies ; que cela ne
fût point convenu à l'Auteur de la Nature ,
& la cauſe de tous les biens ; mais que
préparant & créant pluſieurs grandes choſes , très-bien ordonnées , & très-utiles ,
il trouva qu'il en réſultoit quelques inconvéniens , ſuites néceſſaires de la création (a),

---

(a) Idem Chryſippus in eodem libro tractat, con-
ſideratque , dignumque eſſe id quæri putat, τὶ εἰ
τᾶν ἀϑρώπων νόσοι κατὰ φύσιν γίνονται , ideſt, naturane
ipſa rerum vel providentia , quæ compagem hanc
mundi , & geſtus hominum , fecit , morbos quoque,
& debilitates , & ægritudines corporum , quas pa-

& qui n'ont exifté que comme des confé-
quences. »Par exemple, continue - t - il,
» pour la formation du corps humain, la rai-
» fon la plus ingénieufe & l'utilité méme
» de l'ouvrage demandoit que la tête fût
» compofée d'un tiffu d'offemens minces &

---

tiuntur homines , fecerit ? Exiftimat autem non
fuiffe hoc principale naturæ confilium , ut faceret
homines morbis obnoxios : nunquàm enim hoc con-
veniffe naturæ auctori , parentique rerum omnium
bonarum. Sed quùm multa , inquit, atque magna
gigneret , pareretque aptiffima, & utiliffima, alia
quoque fimul agnata funt incommoda iis ipfis,
quæ faciebat, cohærencia : eaque non per naturam;
fed per fequelas quafdam neceffarias facta dicit ,
quod ipfe appellat, κατὰ παρακολούθησιν. Sicut , inquit, quùm corpora hominum natura fingeret, ratio fubtilior, & utilitas ipfa operis poftulavit, ut
tenuiffimis , minutifque officulis caput compinge-
ret. Sed hanc utilitatem rei majoris alia quædam
incommoditas extrinfecùs confecuta eft ; ut fieret
caput tenuiter munitum , & ictibus, offenfionibuf-
que parvis fragile. Proindè morbi quoque , &
ægritudines partæ funt , dùm falus paritur. Sic
herclè , inquit, dum virtus hominibus per confilium naturæ gignitur, vitia ibidem per affinitatem
contrariam nata funt.

» déliés ; mais par-là elle devoit avoir l'in-
» commodité de ne pouvoir réfifter aux
» coups: ainfi l'Auteur de la Nature, en pré-
» parant la fanté, laiffoit les fources des ma-
» ladies ouvertes. Il en eft de même à l'é-
» gard de la vertu : le deffein de la Provi-
» dence a été de l'introduire directement
» chez les hommes ; mais par une affinité
» contraire , les vices s'y font introduits en
» même temps «.

CHAPITRE VI.

Péché originel connu des anciens Philosophes.

Comment les philosophes Payens sont parvenus à la connoissance du péché originel.

301. Il paroîtra peut-être étonnant que les anciens philosophes aient eu, sans le secours de la révélation, quelque connoissance de la source du péché originel dans l'homme ; cependant il est hors de doute qu'ils ont entrevu ce mystere, lequel ne pouvoit être saisi que par des esprits attentifs & profonds; & que plusieurs en ont même parlé avec une clarté frappante, & propre à répandre du jour sur cette matière. Soit que la considération de la misère de l'homme ici-bas les fît penser que sous un Dieu juste cet état devoit être la peine due au péché, ou qu'une réflexion assez naturelle sur l'imperfection nécessaire dans les choses créées, les portât à chercher la source du péché dans la condition de la créature ; il est certain qu'ils enseignerent cette doctrine directement dans leurs discours & leurs écrits ; & leurs sen-

timens fur *la dégradation de l'ame*, *la faculté* qu'ils lui attribuoient *de se rappeller
les idées de ce qu'elle avoit autrefois appris
dans le sein de Dieu*, & *sa prison actuelle
dans le corps*, étoient des conséquences
déduites naturellement du dogme du péché originel, dont ils voyoient les effets,
& dont ils cherchoient en tâtonnant la
cause.

302. Celui de tous les philosophes payens qui a traité le plus distinctement ce sujet est sans doute Platon. Parlant du vice inhérent en la nature humaine, il dit (a), » qu'autrefois ce qui participe en nous de » la nature divine, avoit pendant un temps » conservé toute sa vigueur & sa dignité, » mais qu'ayant été mêlée à une substance » sensuelle & corruptible, l'inclination vi-

Platon a été plus loin qu'aucun autre dans cette matière.

(a) Divinam naturam olim in hominibus vi-
guisse ; eâque tandem τῷ θνητῷ commixtâ, ἀνθρώ-
πινον ἦθος ἐπικρατῆσαι, humanam consuetudinem præ-
valuisse, ad pestem, perniciemque generis humani,
& ex eo fonte omnia mala in homines inundasse.
Plato in Critiâ, argum. p. 106. *& p.* 121 *ad finem
Dialogi.*

» cieuse de l'homme mortel avoit enfin
» pris le dessus , au grand préjudice du
» genre humain , & que de-là tous les
» maux qui ont depuis affligé l'homme ,
» avoient tiré leur origine «. Dans un autre
endroit il dit (*a*) : que le *mal est enraciné
dans l'ame de l'homme*, lequel est par-là
porté à s'y complaire , & à s'engager tellement dans sa poursuite , qu'il ne peut
plus s'en détacher. Et un peu plus haut il
s'exprime à-peu-près de même, en disant :
que le mal est né avec l'homme (*b*). L'Auteur
des définitions attribuées à Platon, Speu-
sippe , disciple de ce grand philosophe,
appelle ce vice de la Nature κακοφυία , *mali-
gnité dans la Nature ; le péché de celui qui est*

______

(*a*) Πάντων δὲ μέγιςον κακὸν , ἀνθρώποις τοῖς πολλοῖς
ἔμφυτον ἐν ταῖς ψυχαῖς ἐςιν· ὃ πᾶς ἑαυτῷ συγγνώμην ἔχων,
ἀποφυγὴν οὐδεμίαν μηχανᾶται. Omnium verò ma-
ximum quoddam malum in multorum hominum
animiis est, ἔμφυτον , ingenitum : in quo quùm
sibi indulgeant , remedium quo sese ab illo libe-
rent , expedire nullo modo possunt. *Idem , tom.* 2.
leg. 5. *pag.* 731. *E.*

(*b*) σχεδὸν ξύμφυτον ἑκάςῳ κακὸν καὶ νόσημα , malum
esse congenitum. *Plato, loc. suprà citato.*

dans l'état de nature , ou la maladie de l'ame
dans l'état naturel (a).

303. Timée de Locres , Pythagoricien ,
explique ainſi ce penchant invincible au
mal : » Nous apportons , dit-il , le vice de
» notre nature de nos ancêtres ; ce qui fait
» que nous ne pouvons jamais nous défaire
» de ces vicieuſes inclinations qui nous font
» tomber dans le défaut primitif de nos
» premiers parens « (b).

304. Platon conſidérant les conséquences qui devoient avoir réſulté de la chûte
de l'homme (c), » penſoit que *ſa nature &*
» *ſa condition en étoient devenues pires*, & que
» le genre humain , ayant été par-là livré

Sentiment
de Timée ſur
le vice de la
nature hu-
maine.

Etat de
l'homme ſui-
vant Platon,
après le pé-
ché originel.

(a) *Defin. Platon. Tom. 3. 416. lin. 21 & ſeq.*

(b) Vitioſitas verò à parentibus noſtris & elementis potiùs oritur quàm ex incuriâ & publicorum
morum intemperie : ut ab illis actionibus quæ nos
ad primævas illas parentum noſtrorum labes addu-
cunt , numquàm abſcedamus. *De naturâ mundi*
Plat. oper. tom. 3 , pag. 103.

(c) Quòd commutata eſſet in pejus hominum natura & conditio , atque graviſſimæ intemperies
graſſarentur , in genere humano : αὐτοὶ δὲ ἀσθενεῖς
ἄνθρωποι καὶ ἀφύλακτοι γεγον. τες , διηρπάζοντο ὑπ' αὐτῶν,
infirmi homines & cuſtodiâ orbati , ab illis belluis

» en proie à toutes sortes de calamités,
» s'étoit trouvé dans un état de foiblesse &
» d'impuissance qui le rendoit incapable de
» s'affranchir de sa misère ». Avec Pytha-
» gore, il nommoit aussi cet état de l'homme *une mort spirituelle & morale* (a), & regardoit le corps comme le *sépulchre* ou *la
prison de l'ame*; & pour mieux confirmer
cette opinion, il dérivoit le mot σῶμα,
corps, de σῆμα, *tombeau*; tantôt envisageant
notre corps comme le tombeau de l'ame, ou
le traitant de *prison*, lorsqu'il considéroit
l'ame livrée à l'esclavage du péché (b). Et
dans le Dialogue de *Phèdon*, » il compare

(*videlicet pravis cupiditatibus*) passim dilaniaban-
tur; *& concludit :* δια τατων παντων ἐν μεγαλαις ἀπο-
ϱιαις ϳαν, propter has causas in summum discri-
men atque penuriam illorum redactæ res sunt. i. e.
propter illam ἀταξίας seu vitiositatis luem.

(a) Ἔγωγε ἤκουσα των σοφα. ως ν ν μεῖς πϑναμε·
χὶ το μεν σωμα ἐστιν μεων σῆμα : illud enim à sapienti-
bus audivi, nos nunc mori, & nostrum σωμα (id est
corpus) esse σῆμα · *Plato*, *t.* 1. *Gorgias*, *p.* 493, 494.

(b) *Plat. ibid. Vid. & Steuch. Eugub. de peren.
Philof. L.* 9, *cap.* 1, *& Stillingfleet, Origin. Sacr.
Lib.* 3, *c.* 3. *Sect.* 17.

» l'ame

» l'ame à un char aîlé, qui dans fon état de
» perfection prenoit fon eſſor juſques vers
» l'Empyrée ; mais étant|déchue enfuite de
» cet état, perdit fes aîles, & reſta pri-
» fonniere fous la tyrannie des paſſions il-
» licites « (*a*).

305. Ce génie ſublime reconnoiſſoit
auſſi une contagion univerſelle, ou une
corruption diffuſe dans toute la nature de
l'homme, dans fon entendement, fa volonté & fes affections. Il conclut l'admirable allégorie, par laquelle il commence le
feptième livre de fa république, en diſant
que *l'œil de l'ame étoit plongé dans le gouffre
barbare d'une ignorance profonde* ; il appelle
la connoiſſance que nous avons des choſes,
un *jour ténébreux* (*b*) ; il dit : » que la vérité
» eſt la nourriture propre, & le reſſort na-
» turel de l'homme, & fe plaint de ce que
» ce précieux thréſor a été jadis corrompu
» dans fon chef dès fa naiſſance (*c*). « Or

Contagion
univerſelle ;
ſuite du pé-
ché originel
felon Platon
& ſentimen
de quelques
autres An-
ciens.

(*a*) *Plat. Phædr. pag.* 245.

(*b*) *Idem. Rep.* 7, *p.* 521. Ignorantiam appellat :
νυκτερινὴν ἡμέραν, nocturnam diem.

(*c*) Confitetur naturam noſtram *in capite olim*

l'on ne peut pas concevoir ce que Platon auroit entendu ici par *ce chef*, s'il n'eût voulu parler du premier homme. Il parle aussi avec beaucoup de précision de l'irrégularité de nos affections, il en indique la cause dans notre amour-propre qu'il appelle *le tyran du genre humain (a)*. Son disciple Ariftote concevoit de même qu'*il y avoit quelque chose en l'homme qui répugnoit naturellement à la raison, la combattoit & l'en faisoit écarter (b)*. Ce que Tullius, cité par S. Auguftin, appuie, en difant que *l'hom-*

à primâ generatione corruptam effe ; ἐν τῇ κεφάλη διεφθαρμένίω περι την γέννησιν. Plato in Timæo, p. 90, tom. 3.

(a) Τυραννικὸς ἐν αυτῷ ὁ Ἔρως ἐν πάση ἀναιχια καὶ ἀνομία ζῶν. *Plato. Rep. Lib.*7, p. 513, *& Lib.* 9 ; *pag.* 575.

(b) *Arift. Ethic. L.* 1, c. 13. agnofcit effe in nobis aliquid πεφυκες ἀντβαῖνον τῷ λογῳ, naturaliter rationi repugnans. Verba funt hæc : ἐδὲν ἥττον καὶ ἐν τῇ ψυχῇ νομιςέον εἶναί τι παρὰ τον λόγον, ἐναντιέμενον τετῳ καὶ ἀντιβαῖνον. Nihilominùs autem fortafsè exiftimare debemus, in animo quoque aliquid ineffe, quod à ratione fit devium, eique adverfetur & repugnet.

me eft né avec une inclination naturelle au mal (*a*). Il eft encore remarquable que la même force de raifonnement qui faifoit pénétrer Platon dans ce grand myftère, fembloit le porter à fonger au remède que Dieu ne pouvoit avoir manqué d'appliquer au mal : il dit » qu'après la dégéné-
» ration du fiècle d'or, l'univers eût été
» diffous par la confufion qui s'étoit intro-
» duite par le péché, fi Dieu n'eût daigné
» prendre encore le foin de le foutenir, le
» gouverner & *le rétablir dans fon premier*
» *ordre* « (*b*).

____

(*a*) *Aug. Lib.* 4 contra Julian. probat ex Tullio hominem editum animo ad libidines pronum.

(*b*) Deus ille hujus ordinis parens & auctor, cernens mundum in tantas anguftias conjectum, follicitus ne tumultu jam turbulento fluctuans diffolveretur, & in locum diffimilitudinis infinitum mergeretur, rursùm mundi gubernacula repetit, & iis follicitè infidet, ægrotafque atque diffolutas partes & quafi luxatas, ad priftinum circuitum revocatas, ornat atque emendat. *Plat. Politic. p.* 251. *in argument.* & 273. *D.*

CONCLUSION.

306. Nous venons de voir, que dans presque toutes les vérités importantes, les Anciens ont précédé les Modernes, ou du moins qu'ils ont indiqué, ou frayé le chemin à leurs découvertes ; il paroît même que ceux-ci n'ont pas toujours eu le désintéressement de déclarer quels étoient les guides qu'ils avoient suivis pour arriver à leur but. Sur quoi il est bon de remarquer, que lorsque ces mêmes philosophes ont vu leurs opinions attaquées, ou lorsqu'ils ont craint qu'elles ne le fussent, ils se sont appuyés de l'autorité de ces grands hommes pour imposer silence à l'envie & à la calomnie. Descartes, Mallebranche & quelques Newtoniens nous en fournissent des exemples.

Le premier, à la fin de ses principes de philosophie (*a*), prévient le lecteur qu'il

---

(*a*) *Cartesii Princip. Philosophiæ, part.* IV, *pag.* 100 & 101.

n'a rien avancé que d'après Ariſtote, Démocrite & pluſieurs autres philoſophes de
l'Antiquité. Mallebranche voyant ſon ſyſtême ſur les idées accuſé de fauſſeté, &
d'être capable de favoriſer l'impiété, cher-
cha auſſi-tôt à l'appuyer de l'autorité de
S. Auguſtin (a). Et quelques Newtoniens,
voyant que l'attraction étoit regardée comme une chimère, ont tenté de prouver enſuite que les Anciens l'avoient connue &
enſeignée (b) ; croyant par-là lui donner
plus de cours. Les uns ont voulu prévenir
en faveur de leur ſyſtême, en s'appuyant
de l'autorité des Anciens ; les autres ſe
voyant attaqués ont cherché des protecteurs
parmi ces philoſophes ; d'autres encore,
craignant d'avoir de la peine à ſe ſoutenir,
ont mieux aimé renoncer à la gloire de l'invention, que d'abandonner entièrement
leurs idées favorites à la pourſuite de leurs
adverſaires ; & en ont retracé l'origine de
plus haut, pour les mettre hors de l'attein-

(a) *Mallebranche, Entretiens ſur la Métaphyſi-
que. Paris,* 1732, *in-*8. *à la Préface.*

(b) *Gregor. Aſtr. Phyſ. & Geom. Elem. Préf.*

Q iij

te des Modernes. Et il s'en est aussi trouvé quelques-uns qui se voyant sûrs du succès de certaines opinions hazardées, sans avoir indiqué les sources où elles étoient puisées, les ont laissé prendre cours sous leur nom, & ne les voyant point restituées par la voix publique à leur propre Auteur, ont joui tacitement d'une gloire empruntée, les uns souvent avec connoissance de cause, & d'autres, quoiqu'en petit nombre, dans la bonne foi.

Récapitulation des choses traitées dans la première partie.

307. Le peu que nous avons dit de Descartes, Locke & Mallebranche, suffit pour autoriser ce que l'on avance ici. Descartes n'a point désigné les Auteurs d'où il avoit tiré ses idées particulieres; il a dit seulement, en général, & d'une manière vague, que les plus grands philosophes de l'Antiquité avoient pensé comme lui (a).

______

(a) Nec me etiam primum ullarum inventorem esse jacto, sed tantùm me numquàm illas pro meis adoptasse, vel quòd ab aliis priùs receptæ fuissent, vel quòd non fuissent; verùm unicam hanc ob causam quòd mihi eas ratio persuasisset. *Descartes, de Methodo*, *pag.* 47, *tom.* 1.

Locke a paſſé pour original , quoique ſes principes ſoient les mêmes que ceux d'Ariſtote, & ſes diviſions celles qu'employoient les Stoïciens (*a*). Mallebranche n'a point déclaré d'abord que ſon opinion ſur les idées eût été celle des Chaldéens, de Parmenide , de Platon & de S. Auguſtin ; mais lorſqu'il s'eſt vu attaqué vivement par ſes adverſaires , il s'eſt armé contre les philoſophes du bouclier de Platon , & il a fait intervenir l'autorité de S. Auguſtin pour arrêter les pourſuites des Théologiens (*b*). C'eſt auſſi à tort que l'on a attribué à Deſcartes la gloire d'avoir le premier diſtingué clairement les propriétés de l'eſprit d'avec celles du corps, & d'avoir démontré que les qualités ſenſibles n'exiſtoient point dans les objets, mais dans l'ame qui les apperçoit : nous avons vu qu'il avoit été précédé en cela par Leucippe, Démocrite, Platon, Straton, Ariſtippe , Plutarque & Sextus Empiricus (*c*).

(*a*) *Part.* 1. *chap.* 1 de cet Ouvrage,
(*b*) *Part.* 1. *chap.* 2.
(*c*) *Part.* 1. *chap.* 3.

308. Leibnitz a non-seulement fait revivre les Monades de Pythagore ; mais il a employé encore les mêmes argumens dont se servoient les Pythagoriciens, pour démontrer la nécessité d'admettre l'existence des êtres simples, antérieure à celle des composés, & comme le fondement de l'existence des corps (a). M. de Buffon a cité quelquefois Aristote & Hippocrate, mais non pas lorsqu'il a été question du fond de son système, que l'on a toujours cru nouveau, & qui paroît cependant avoir le plus grand rapport avec celui d'Anaxagore, Empédocle & Plotin (b). Les principes actifs, & les agens simples qui produisent tout dans la Nature, forment un système que Pythagore, Platon & Epicure avoient exposé avant M. Needham (c). La philosophie corpusculaire de Gassendi & des Newtoniens n'est autre chose que celle de Moschus, Leucippe, Démocrite

---

(a) *Part.* 2. *chap.* 1.
(b) *Part.* 2. *chap.* 2.
(c) *Part.* 2. *chap.* 3.

& Epicure (*a*). L'accélération du mouvement a été connue d'Ariftote , & la manière la plus fatisfaifante de rendre compte de la caufe de cet effet eft encore celle qu'employoit ce philofophe (*b*). Lucrèce avoit déja dit avant Galilée que les corps les plus inégaux en pefanteur , comme le duvet & l'or , devroient tomber avec une égale viteffe dans le vuide (*c*). La pefanteur univerfelle, la force de gravité , les forces centripètes & centrifuges ont été clairement indiquées dans Anaxagore , Platon, Ariftote, Plutarque & Lucrèce (*d*). Nous avons vu auffi que fans télefcopes, Démocrite & Phavorinus avoient eu des idées juftes fur la voie lactée, & avoient annoncé la découverte des Satellites (*e*) : que la pluralité des mondes & les tourbiilons avoient été enfeignés avec toute la clarté & la précifion poffibles parmi les An-

---

(*a*) *Part. 2. chap.* 4.
(*b*) *Part. 2. chap.* 5.
(*c*) *Part. 2. chap.* 5.
(*d*) *Part. 2. chap.* 6.
(*e*) *Part. 2. chap.* 7.

ciens (*a*) : que Platon avoit eu des idées assez nettes de la théorie des couleurs (*b*). Nous avons vu que deux mille ans avant Copernic , Pythagore avoit proposé son système , & que Platon , Aristarque & plusieurs autres , l'avoient admis , & que ces mêmes philosophes avoient aussi admis sans peine l'opinion des Antipodes , si raisonnable (*c*) , & qui a cependant eu tant de peine à s'établir parmi nous. Les révolutions des planètes sur elles-mêmes , ont été aussi connues des écoles de Pythagore , & de Platon (*d*). Les comètes n'ont fourni rien de nouveau à dire aux Modernes sur leur retour, leur nature & leur cours ; les Chaldéens, les Égyptiens , Pythagore, Démocrite, Hippocrate de Chio , Artémidore & Sénèque avoient déja épuisé la théorie de cette matière, que les Modernes, il est vrai, ont ensuite démontrée plus clairement (*e*). Les montagnes , les vallées &

(*a*) *Part.* 2. *chap.* 7.
(*b*) *Part.* 2. *chap.* 7.
(*c*) *Part.* 2. *chap.* 8.
(*d*) *Part.* 2. *chap.* 9.
(*e*) *Part.* 2. *chap.* 10.

les habitans dans la lune avoient été suppo-
fés par Orphée , Pythagore , Anaxagore
& Démocrite (*a*).

309. Ariftote a connu la pefanteur de
l'air ; Sénèque a parlè de fon reffort & de
fon élafticité (*b*). Leucippe , Chryfippe ,
Ariftophane , & tous les Stoïciens avoient
épuifé le fujet de la caufe du tonnerre &
des tremblemens de terre (*c*). Pythéas &
Séleucus d'Erythrée ont précédé Defcartes
dans fon explication de la caufe du flux &
reflux de la mer ; & Pline avant le Chevalier Newton en avoit attribué la caufe aux
forces combinées du foleil & de la lune (*d*).

Récapitula-
tion de la
troifième
Partie.

310. On a auffi vu qu'Hippocrate &
Platon avoient connu la circulation du
fang (*e*), & que Ruffus avoit décrit, il y a
1600 ans , les *paraftates variqueux* que l'on
appelle *trompes de Fallope* (*f*). On a vu que
le fentiment de Harvey , de Sténon & de

Suite de la
récapitula-
tion de la
troifieme
Partie.

(*a*) *Part.* 2. *chap.* 11.
(*b*) *Part.* 3. *chap.* 1.
(*c*) *Part.* 3. *chap.* 1.
(*d*) *Part.* 3. *chap.* 2.
(*e*) *Part.* 3. *chap.* 3.
(*f*) *Part.* 3. *chap.* 3.

Rédi fur la génération par les œufs (*a*) ; avoit été renouvellé d'Hippocrate, Empédocle, Ariftote & Macrobe ; que celui de Hartfoëker & de Leuwenhoek fur les vers fpermatiques & les animalcules fe trouve dans Ariftote, Hippocrate, Platon, Lactance & Plutarque (*b*). Et le fyftème fexuel des Plantes, dont on fait le principal mérite de la découverte à Morland, Grew, Vaillant & Linnæus, eft précifément expofé dans Empédocle, Théophrafte, Pline & Diodore de Sicile (*c*).

Suite de la récapitulation de la troifième Partie. 311. Quoique nous ne nous foyons pas arrêtés long-temps fur les Mathématiques & la Géométrie, nous avons cependant fait voir que les plus belles découvertes dans ces fciences ont été faites par les Anciens ; tous les Géomètres Anglois, fuivis de Leibnitz & de Wolf (*d*), conviennent

(*a*) *Part.* 3. *chap.* 4.
(*b*) *Part.* 3. *chap.* 4.
(*c*) *Part.* 3. *chap.* 5.
(*d*) *Wolf. Elem. Mathem. tom.* 3, *ch.* 3. *art.* 8, *p.* 27. » convient d'avoir tenté en vain de fubfti- » tuer à l'enchaînement des propofitions d'Euclide » un autre auffi ferme & auffi folide.

que malgré les tentatives faites par les plus
habiles Géomètres des derniers siècles, la
méthode d'Euclide est encore la plus ri-
goureuse & la plus parfaite : nous voyons
que les problêmes les plus difficiles dans
ces sciences ont été résolus par Thalès,
Pythagore, Platon, Archimède, Apollonius, &c ; nous avons vu que leurs productions dans la Méchanique ont été portées à
un point qui a surpassé même la conception de nos plus illustres sçavans : les miroirs ardens d'Archimède nous en ont
fourni un exemple (*a*). En mettant sous
les yeux du lecteur une esquisse de tous les
ouvrages admirables des Anciens en Architecture, & dans l'art de faire la guerre,
nous avons aussi donné des preuves qu'ils

Voyez Montucla, Hist. des Mathémat. tom. 1,
pag. 217 & 218. Les paroles de Wolfius sont ainsi :
Euclidis Elementis palmam adhuc meritò tribuen-
dam esse... sed nunquàm hoc fieri potuisse, nisi quædam assumerem demonstratione , quæ essent de-
monstranda, vel in demonstrando , ac definiendo
admitterem , confusè tantummodò percepta.

(*a*) *Part.* 3. *chap.* 8.

n'étoient pas moins habiles dans les arts que dans les fciences (*a*) ; de forte qu'il n'eft aucune partie de nos connoiffances dans lefquelles les Anciens ne nous aient devancés, fervi de guide, ou furpaffés.

Récapitulation de la quatrième Partie.

312. Il eft un autre genre de vérités que je ne mets point au rang des découvertes, parce que les Modernes mêmes né fe flattent pas de les avoir trouvées, & qu'ils reconnoiffent en devoir la connoiffance à la Religion chrétienne : telles font l'exiftence de Dieu, l'immortalité & la fpiritualité de l'ame, la création du monde & de la matière, & enfin l'origine du mal. Mais quoique l'on convienne que la Religion chrétienne a beaucoup contribué à perfectionner en nous ces connoiffances, il n'eft pas raifonnable de foutenir que les Anciens ne les aient pas eues ; & il me femble au contraire avoir démontré qu'ils avoient connu parfaitement ces principaux dogmes. On ne peut pas parler plus noblement & plus fublimement de Dieu & de

____

(*a*) *Part.* 3. *chap.* 9. 10 & 11.

l'ame, que Platon l'a fait (*a*); & la création de la matière fe trouve auffi clairement foutenue dans cet Auteur, & fes fectateurs, que quelque autre part que ce
foit (*b*). Il femble que ce foit rendre un
mauvais fervice à la Religion que de recu-
fer des témoignages auffi clairs & auffi folides, que ceux que ces grands philofophes
peuvent rendre fur ces vérités, contre
quelques perfonnes, qui avec les plus
grands fecours pour parvenir au but que
tout homme doit fe propofer, ferment
les yeux à la lumiere qui les environne de
toutes parts, & s'aveuglent, pour ainfi dire,
afin de ne pas être forcés de voir le grand
jour.

313. Or s'il eft démontré que les écrits
de ces grands maîtres contiennent la plus
grande partie de nos connoiffances, &
que les découvertes les plus célèbres des
Modernes y aient pris leur origine, n'eft-il
pas plus raifonnable que nous allions pui-
fer directement à la fource, fans nous en

Conclufion
pourengager
à remonter
aux fources
de la vérité.

(*a*) *Part.* 4. *chap.* 1 & 2.
(*b*) *Part.* 4. *chap.* 4.

tenir entièrement aux ruiſſeaux qui en dé‑
coulent.

314. En recommandant l'étude des An‑
ciens, je ſuis fort éloigné de penſer qu'il
faille négliger les Modernes. Je crois au
contraire qu'il eſt très-utile d'apporter un
eſprit attentif à leurs travaux pour obſer‑
ver ce qu'ils ont ajoûté par leurs expérien‑
ces aux connoiſſances des Anciens; car il
n'eſt pas douteux que l'on peut tous les jours
ajoûter aux progrès des connoiſſances (a):
c'eſt pourquoi il eſt néceſſaire de comparer
avec attention les Anciens avec les Mo‑
dernes; parce que l'on peut trouver dans
ceux-ci pluſieurs choſes qui auront été quel‑
quefois omiſes, ou traitées obſcurement
par ceux-là; & les travaux des Modernes

____

(a) » Je vois, dit Leibnitz , que quantité d'na‑
» biles gens croient qu'il faut abolir la philoſophie
» des Ecoles, & en ſubſtituer une tout autre à ſa pla‑
» ce ; mais après avoir tout peſé , je trouve que la
» philoſophie des Anciens eſt ſolide , & qu'il faut
» ſe ſervir de celle des Modernes pour l'enrichir &
» non pour la détruire. *Leibnitz* ,[*Miſcellan.* à
Feller , *p.* 113. *otio Hannov.*

peuvent

peuvent de plus fervir à remplacer les traités que nous avons perdus des Anciens , & dont les titres qui nous reftent , fervent à nous faire comprendre la grandeur de notre perte. Un autre avantage que l'on peut encore tirer de cette comparaifon, eft de nous affermir dans nos idées ; car, là où les Anciens & les Modernes fe trouvent d'accord , il eft tout naturel que leur confentement unanime doive déterminer notre jugement fur tel ou tel point; & lors même qu'ils diffèrent entr'eux , la diverfité de leurs raifons peut répandre des lumieres dans notre efprit.

315. Enfin libres d'une partialité aveugle à l'égard des uns ou des autres , nous devons penfer que , quelques efforts qui aient été faits pour perfectionner nos connoiffances , il reftera toujours à faire à cet égard , pour nous & nos defcendans. Il n'y a point d'homme qui puiffe fuffire feul à établir & perfectionner un Art ou une Science (*a*). Après avoir reçu de nos ancê-

Sentiment de Séneque & de Galien fur ce fujet.

(*a*) Nemo noftrûm fufficit ad artem fimul & conftituendam , & abfolvendam ; fed fatis, fuperque

tres le réfultat de leurs méditations & de leurs recherches , nous ferons toujours beaucoup fi nous pouvons y ajoûter quelque chofe , & par-là contribuer , autant qu'il eft en notre pouvoir , à augmenter les connoiſſances & les perfectionner. Revêtons-nous auffi des difpofitions de Sénèque qui s'exprimoit , à fon ordinaire , d'une manière fi éloquente fur ce fujet (a). » J'ai la plus grande vénération, difoit-il, » pour les inventions des Sages & pour les

---

videri debet, fi quæ multorum annorum fpatio priores invenerunt , pofteri accipientes , atque his addentes aliquid , aliquandò compleant, atque perficiant. *Galenus in Aphorifmum* 1. *Hippocratis.*

(a) Veneror inventa fapientiæ , inventoresque adire tanquam multorum hæreditatem juvat. Mihi ifta aquifita , mihi laborata funt. Sed agamus bonum patrem-familiæ : faciamus ampliora quæ accepimus. Major ifta hæreditas à me ad pofteros tranfeat. Multùm adhuc reftat operis , multùmque reftabit : nec ulli nato poft mille fæcula præcludetur occafio aliquid adhuc adjiciendi. Sed etiamfi omnia à veteribus inventa funt; hoc femper novum erit , ufus, & inventorum ab aliis fcientia , & difpofitio. *Seneca , Epiftolâ* 64.

» Inventeurs ; c'eſt un héritage commun
» que chacun peut & doit réclamer ; c'eſt
» à moi qu'elles ſont tranſmiſes, c'eſt pour
» moi qu'elles ont été faites ; mais agiſſons,
» continue-t-il , en bon pere de famille ;
» améliorons ce que nous avons reçu :
» tranſmettons cet héritage à notre poſté-
» rité en meilleure condition que nos ancê-
» tres ne nous l'ont laiſſé. Il nous reſte
» beaucoup à faire ; il reſtera encore beau-
» coup à faire à nos neveux : les mortels,
» après mille ſiècles , ne manqueront pas
» encore d'occaſions d'ajoûter quelque
» choſe à ce qui leur aura été tranſmis. Et
» quand même tout auroit été trouvé par les
» Anciens, il y aura toujours de nouveau
» *l'uſage* de ces inventions, & la ſcience,
» & l'application des choſes inventées.

Fin de la quatrième & dernière Partie.

De l'Imprimerie de P. AL. LE PRIEUR,
Imprimeur du Roi , rue S. Jacques.

APPROBATION.

J'AI lu, par l'ordre de Monseigneur le Vice-Chancelier, un Manuscrit intitulé : *Recherches sur l'origine des Découvertes attribuées aux Modernes.* L'Auteur a très-bien rempli le but qu'il s'étoit proposé, en prouvant que les Modernes n'ont fait que perfectionner les découvertes des Anciens. Je crois que l'impression de cet Ouvrage sera très-agréable & très-utile au Public. A Paris, ce 28 Août 1765.

PONCET DE LA GRAVE.

PRIVILEGE DU ROI.

LOUIS, par la grace de Dieu, Roi de France & de Navarre : A nos amés & féaux Conseillers les Gens tenans nos Cours de Parlement, Maîtres des Requêtes ordinaires de notre Hôtel, Grand Conseil, Prévôt de Paris, Baillifs, Sénéchaux, leurs Lieutenans Civils & autres nos Justiciers qu'il appartiendra : SALUT. Notre amée la Veuve DUCHESNE, Libraire à Paris, Nous ayant fait remontrer qu'elle desireroit faire imprimer & donner au Public un Ouvrage qui a pour titre : *Recherches sur l'origine des Découvertes attribuées aux*

Modernes, Par M. L. DUTENS : s'il nous plaisoit lui accôrder nos Lettres de Privilége pour ce nécessaires. A CES CAUSES, voulant favorablement traiter l'Expofante, Nous lui avons permis & permettons par ces Préfentes , de faire imprimer ledit Ouvrage autant de fois que bon lui femblera, de le vendre , faire vendre & débiter par tout notre Royaume, pendant le temps de douze années confécutives , à compter du jour de la date des Préfentes ; Faifons défenfes à tous Imprimeurs, Libraires, & autres perfonnes, de quelque qualité & condition qu'elles foient, d'en introduire d'impreffion étrangère dans aucun lieu de notre obéiffance ; comme auffi d'imprimer, ou faire imprimer , vendre, faire vendre , débiter, ni contrefaire ledit Ouvrage, ni d'en faire aucun Extrait , fous quelque prétexte que ce puiffe être , fans la permiffion expreffe, & par écrit de ladite Expofante , ou de ceux qui auront droit d'elle , à peine de confifcation des Exemplaires contrefaits, de trois mille livres d'amende contre chacun des contrevenans , dont un tiers à Nous , un tiers à l'Hôtel-Dieu de Paris , & l'autre tiers à ladite Expofante , ou à ceux qui auront droit d'elle , & de tous dépens , dommages & intérêts ; à la charge que ces Préfentes feront enregiftrées tout au long fur le Regiftre de la Communauté des Imprimeurs & Libraires de Paris , dans trois mois de la date d'icelles ; que l'Impreffion dud. Ouvrage fera faite dans notre Royaume & non ailleurs , en bon papier & beaux caractères , conformément à la feuille imprimée attachée pour modelé fous le contre-fcel des préfentes ; que l'Impétrante fe conformera aux Réglemens de la Librairie ; & notamment à celui du 10 Avril 1725, à peine de déchéance du préfent Privilége. Qu'avant de l'expofer en vente , le Manufcrit qui aura fervi de Copie à l'impreffion dudit Ouvrage , fera remis dans le même état où l'Approbation y aura été donnée, ès mains de notre très-cher & féal Chevalier Chancelier de France, le Sieur DE LAMOIGNON, & qu'il en sera ensuite remis deux Exemplaires dans notre Bibliothéque publique, un dans celle de notre Château du Louvre, un dans celle dudit Sieur DE LAMOIGNON, & un dans celle de notre très-cher & féal Chevalier, Vice-Chancelier & Garde des Sceaux de France, le Sieur DE MAUPEOU. Le tout à peine de nullité des Présentes ; du contenu desquelles vous mandons & enjoignons de faire jouir ladite Exposante & ses ayant causes, pleinement & paisiblement, sans souffrir qu'il leur soit fait aucun trouble ou empêchement. Voulons que la Copie des Présentes, qui sera imprimée tout au long au commencement ou à la fin dudit Ouvrage, soit tenue pour duement signifiée ; & qu'aux Copies collationnées par l'un de nos amés & féaux Conseillers & Sécretaires, foi soit ajoûtée comme à l'Original. Commandons au premier notre Huissier ou Sergent, sur ce requis, de faire pour l'exécution d'icelles, tous Actes requis & nécessaires, sans demander autre permission, & nonobstant Clameur de Haro, Charte Normande, & Lettres à ce contraires ; Car tel est notre plaisir. DONNÉ à Paris, le trentiéme jour du mois de Juillet, l'an de grace mil sept cent soixante-six, & de notre Regne le cinquante-uniéme. Par le Roi en son Conseil.

LEBEGUE.